传递价值

茅台工匠力
通往高品质之路

张小军　马玥　熊玥伽　著

电子工业出版社
Publishing House of Electronics Industry
北京·BEIJING

未经许可，不得以任何方式复制或抄袭本书之部分或全部内容。
版权所有，侵权必究。

图书在版编目（CIP）数据

茅台工匠力：通往高品质之路 / 张小军，马玥，熊玥伽著 . —北京：电子工业出版社，2022.12

ISBN 978-7-121-43472-3

Ⅰ．①茅⋯ Ⅱ．①张⋯ ②马⋯ ③熊⋯ Ⅲ．①茅台酒－企业管理－研究 Ⅳ．① F426.82

中国版本图书馆 CIP 数据核字（2022）第 208991 号

出版统筹：刘声峰
责任编辑：黄 菲　　文字编辑：刘 甜　　特约编辑：朱 婕
印　　刷：天津善印科技有限公司
装　　订：天津善印科技有限公司
出版发行：电子工业出版社
　　　　　北京市海淀区万寿路 173 信箱　邮编：100036
开　　本：720×1000　1/16　印张：19.75　字数：290 千字
版　　次：2022 年 12 月第 1 版
印　　次：2022 年 12 月第 2 次印刷
定　　价：80.00 元

凡所购买电子工业出版社图书有缺损问题，请向购买书店调换。若书店售缺，请与本社发行部联系，联系及邮购电话：(010) 88254888，88258888。

质量投诉请发邮件至 zlts@phei.com.cn，盗版侵权举报请发邮件至 dbqq@phei.com.cn。

本书咨询联系方式：1024004410（QQ）。

总　序
大历史格局中的中国茅台

生于赤水河畔，源于秦汉，发扬于唐宋，成形于明，繁华于清，盛于当代，这就是中国茅台。穿越历史见证华夏文明演变，历经岁月更迭与经济发展，才有了今天茅台的千年传承、百年跨越、时代使命。

茅台演化于山谷文明，傍山而成，依水而存。川盐入黔后，借助盐道东风，誉遍中国大江南北。1915年，在巴拿马万国博览会上的惊艳亮相，使茅台一举走向世界，成为中国民族品牌的一张名片。此后，中国茅台不断在世界上获得多项殊荣，成为名副其实的世界三大蒸馏名酒之一。

从1951年国营建厂到2021年启动"十四五"规划，茅台从39人到4.3万余名员工，从酿酒烧房成长为现代化企业，从西南一隅走向全球舞台。回看历史，着眼当下，展望未来，以大历史观和世界观来看，茅台是生于斯长于斯的中国茅台，是将中国古老的农业文明带向今天现代文明的标志性案例，是在科技进步推动人类不断向前演进中，依然传承千年工艺、坚守品质

的范本。

我们研究茅台案例，是从中国管理学史的创新发展出发的。在世界范围内，早在20世纪初，美国、日本等国家便有了基于企业实践案例的管理学思想，并持续影响世界。今天，越来越多的中国企业走向世界，并在世界发展大格局中赢得一席之地，我们应该有这样的自信，可以从中国企业实践中抽象总结出经典的管理学思想与发展逻辑。无疑，茅台应该作为这样的范本，得到剖析。

本系列书首次客观、系统地探索茅台为什么成、茅台为什么独特、茅台为什么能等问题。作为头部企业观察者、记录者、研究者，得益于国家的飞速发展，也得益于企业实践的丰富多彩，我们有了更多样化的蓝本，同时，我们始终心存敬畏，坚持真实客观地进行解读，以期完整、系统地还原企业发展的实践与演变。

缘何发起茅台之问

大众对茅台并不陌生，在人们心中，茅台酒是好酒的代名词，茅台是中国民族品牌，茅台文化是中国白酒文化的杰出代表。但为何还要发起茅台之问？皆因大众对茅台往往"知其然不知其所以然"，甚至对"茅台是什么"这个问题的答案也并非完全熟知，因此，我们回归知识最初的三个层面，解读"茅台是什么""茅台为什么""茅台怎么样"。

茅台是什么

首先,茅台是一瓶酒,这是它的产品属性,但是这瓶酒代表了中国白酒酿造工艺的最高水平。茅台从历史中走来,带着悠久的记忆。茅台酒的工艺最早可以追溯到两千多年前,从西汉的枸酱到唐代的钩藤酒,再到之后的纯粮酒,原料从最初的水果变成粮食,技艺传承从口口相传到师带徒再到形成理论规范。这一路演进变化,吸纳了许多创新思想、方法,经过了数代酿酒人的传承和精进,才成为中国酿造工艺的高水平代表。

其次,茅台是一家企业,年营收过千亿元。旗下贵州茅台2021年年报显示,公司实现营收1 061.9亿元,同比增长11.9%;实现净利润524.6亿元,同比增长12.3%。

最后,茅台是中国白酒领军企业、国际知名白酒品牌,是2021年"BrandZ™最具价值全球品牌100强"排行榜唯一上榜的中国白酒企业,品牌价值达到1 093.30亿美元,在世界级烈酒企业中单品销售额高居全球第一,更在2021年首批入选中欧地理标志产品。

茅台为什么

茅台集团党委书记、董事长丁雄军认为,传承好茅台基因,关键在于回答好三个"为什么"——为什么离开茅台镇酿不出茅台酒?为什么茅台酒好喝?为什么茅台酒越陈越香?

丁雄军从茅台的生态、品质和时间密码三个维度回答了

"茅台为什么"。茅台酒的高品质离不开所处的生态环境：赤水河谷独特的微生物环境，造就了酿造茅台酒的15.03平方公里核心产区。同时，茅台酒的高品质也来自对传统工艺的坚守与对质量的把控：一丝不苟、心无旁骛、用心呵护，只为酿造一瓶好酒。独特的生态环境与对高品质的要求，可谓地利人和，再加之酒是时间的产物，是时间的瑰宝，也就有了茅台酒越陈越香的特质。

茅台怎么样

经历70多年的发展，从起步到辉煌，茅台作为一家实业企业、一个民族品牌，历来以国企使命、社会担当为己任。从发展路径来看，茅台不以追逐利润最大化为目标，始终保持自身的定力，稳定增长，这从产能与产量方面便可看出。在社会担当方面，茅台在2009年发布了第一份社会责任报告，到2021年，已经连续发布了13年，这是行业唯一，亦足见其对"责任为王"的坚守。在国企使命方面，无论公益还是社会，抑或环境，茅台在社会公益、脱贫攻坚、生态保护、行业竞合等方面，都体现出了大品牌、大担当的格局与胸怀。

百年风雨，四时更迭，中国企业经历波澜壮阔的社会变迁与时代变革，从落后到追赶，从赶超到跨越，实现了中国商业的进化与崛起。但像茅台这样的企业，能从历史长河中走来，并跟着新中国的号角发展，在足够长的时间内以质为本，把质量当成生命之魂，并不多见。

高质量发展的顶层设计

党的二十大报告强调："高质量发展是全面建设社会主义现代化国家的首要任务。发展是党执政兴国的第一要务。没有坚实的物质技术基础，就不可能全面建成社会主义现代化强国。必须完整、准确、全面贯彻新发展理念，坚持社会主义市场经济改革方向，坚持高水平对外开放，加快构建以国内大循环为主体、国内国际双循环相互促进的新发展格局。"自党的十九大报告提出"高质量发展"以来，着力推动高质量发展，就被摆在了突出位置。

茅台集团党委书记、董事长丁雄军在2021年9月24日召开的贵州茅台酒股份有限公司2021年第一次临时股东大会上指出："立足新秩序重塑期、新格局形成期、新改革攻坚期'三期'，走好蓝绿白紫红'五线发展道路'[一]，按照'聚主业、调结构、强配套、构生态'发展思路，着力把股份公司打造成为世界一流的上市企业。"之后一年时间，茅台从顶层设计上提出坚定不移走好"五线发展道路"，出台推进生产高质量发展的实施意见，提出"五匠质量观"、"五合营销法"、构建现代供应链生态圈，高质量发展体系基本成型。

在新时代、新语境下，茅台以高质强企为追求，赋予质量

[一] 五线发展道路是指蓝线、绿线、白线、紫线和红线。蓝线发展是愿景目标，绿线发展是低碳环保，白线发展是改革创新，紫线发展是茅台文化，红线则指环保底线、腐败高压线和安全生命线。

全局意义，丰富质量的内涵。企业发展不仅要确保生产质量，也要提高服务质量、经营质量、管理质量等，只有完善"大质量"管理体系，才能在高质量发展之路上阔步前行。

从"以质量求生存"的文化根源，到"视质量为生命"的文化提升，再到"质量是生命之魂"的文化升华，茅台正在做好质量文化的顶层设计，让"质量是生命之魂"成为新时代引领茅台高质量发展的精神信仰和价值追求。为呵护生命之魂，茅台提出遵循"五匠质量观"（匠心、匠魂、匠术、匠器、匠人），构建"365"质量管理体系，做到"事事都要质量官、处处都有质量官、人人都是质量官"，形成时间轴、空间轴和人物轴"三轴"紧扣的质量管理链条。

志之所趋，无远弗届。新体系的构建展现了茅台面向高质量发展的雄心壮志。它将坚守大国企业的时代责任，牢记使命，坚持胸怀天下，坚持开拓创新，不畏风雨艰险，不为干扰所惑，以"咬定青山不放松"的定力创造价值，实现目标。

以高质量发展为中心，茅台形成了清晰的思路，对自身发展战略有着客观认知，从而建立了完整模型，做到有的放矢、精准施策。当然，未来的不确定性始终存在。在科技创新、国际化发展、对标世界一流企业的过程中，茅台需要解决层出不穷的难题。外部环境也不可控，消费时代变迁、市场周期波动，以及类似新冠肺炎疫情、食品安全问题、产业链重构这样的"黑天鹅""灰犀牛"事件，都是茅台随时要面对和抵御的风险。各种不确定性让研究茅台变得更有价值，让人们更加想要了解它如何在"五线发展道路"上行走,以实现预期的高质量发展目标。

生于忧患,死于安乐。企业应常怀远虑,居安思危。茅台将以质量为魂,以消费者为王,以责任为根本,以归零心态拥抱创新,开拓奋进,劈波斩浪,一往无前。

剖析中国商业的样本

2021年是茅台国营建厂70周年,也是贵州茅台上市20周年。

在茅台建厂70年的历程中,这一年是非常短暂的,却有着特殊意义。全球新冠肺炎疫情的发生改变了人们的生产生活方式,在新秩序重塑期、新格局形成期、新改革攻坚期"三期"叠加时代,我们不仅能够触摸茅台的过去,还有幸看到一个快速创新求变、焕发新姿态的茅台。

自中华人民共和国成立至今,从计划经济时代到社会主义市场经济时代,从物资紧缺到消费升级,从百废待兴到成为世界第二大经济体,中国社会经济发生了翻天覆地的变化。茅台亦从作坊到国营酒厂,再成长为年营收过千亿元的白酒行业领军企业,经历了从奠基立业到改革兴业,再从转型大业到高质强业的四个阶段。毫无疑问,在中国经济波澜壮阔的发展历程中,茅台演绎了精彩的故事。其中,既有产能破百吨、千吨、万吨的艰难挑战,也有年营收突破百亿元、千亿元的高光时刻,还有不断创新高的市值,以及从1个主品牌到"1+3+N"的

品牌版图进阶。

作为国营酒厂，茅台是国家轻工业发展的实践者、亲历者；在市场经济时代，茅台的发展是中国经济发展的缩影；身为白酒行业领军者，茅台为行业贡献了大量宝贵经验；作为高质量发展的品牌标杆和范本，茅台走在时代的前列。研究中国企业，一定离不开对茅台的研究。从商业角度剖析茅台，就是从一个最重要的样本角度记录中国企业的发展史。

考拉看看一直以记录为己任，认为从商业的视角来洞察、解读历史，是为了更好地走向未来。真实客观地解读茅台，可以为人们研究中国企业、研究中国白酒行业、研究茅台提供素材，可以让后人理解茅台在过去是如何创造奇迹的，也可以让更多人期待茅台的明天。

因此，在2020年，我们调研创作了《这就是茅台》，以全局视角洞见茅台，全景式解读茅台的成长逻辑。与此同步，团队从战略、文化、品牌、科技、管理及产品等多角度着手，更深入地挖掘茅台价值，揭开千亿企业的面纱。对于一个有着70余年历程、4万多名员工、年营收超千亿元的企业而言，只有从不同角度进行展现和剖析，才能让它更清晰、更立体，也更真实。

凝结茅台"五力"

站在大历史观角度看今日的茅台，考拉看看头部企业研究中心试图挖掘茅台这一标杆背后的商业逻辑，从时间维度、战略维度、管理维度、文化维度、业务维度出发，概括出茅台所具备的稳健、继承式创新、顺天应时、价值创造、稀缺性、高壁垒等多种特质，最终提炼出了茅台高质量发展的五大核心力量——工匠力、创造力、定力、美誉力、文化力，它们共同托起了茅台的理想和希望。

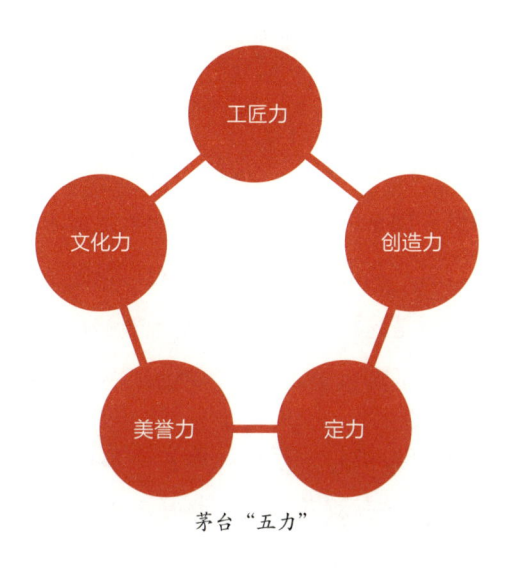

茅台"五力"

工匠力：工匠力是茅台行走于高品质之路的强大动力，呈立体攀升的态势。人、尺度和持续性是其立体化的重要支撑。这种力量具有不可复制的特性，从时空融合到人工技艺，都是时间、空间、人共同打造的独特集合。茅台工匠力不仅是产品品质的重要支撑，也是和大国工匠力可堪比拟的力量。工匠力持续积累、爆发，推动茅台的成长，使其成为大国工匠的先行者，并将助力茅台创造更辉煌的未来。

创造力：创新是指创造新的事物、方法，并能获得一定效

果的行为。而创造，则是包含创新含义的更大范围的概念，它是企业有意识的、主动的行为。在创造力的作用下，茅台自信满满、活力四射，通过极具智慧的思考、巧妙的方法、勤劳的双手，不断迎接挑战、解决问题，实现跨越式发展，开创行业先河，并为社会贡献力量。创造力是茅台的内生动力，塑造了茅台的今天，并将带领茅台拥抱未来。

定力：《无量寿经》卷下记载："定力、慧力、多闻之力。"其中，定力意味着注心一境，不散乱，有极强的意志之力。茅台的定力来自茅台对国家的热爱、对使命的坚定追求、对行业深刻的认识与洞察、对产品的信仰与情怀、对市场的敬畏、对消费者的尊重与善待。正是这样的力量，让茅台能够在历史长河中坚守正道，抵抗诱惑，抵御风险，历经苦难，迎来今天的成就。

美誉力：美誉力是企业产品、服务、营销、文化及品牌等因素的综合体现，它有双向生长的路径。内生的力量能构建茅台品牌生长路径，深入品质特性，展现品牌性格，彰显企业风范。外生的力量形成于外部环境中，来自消费者、经销商、供应商及其他社会群体的正向反馈。美誉力对于企业品牌占领用户心智、树立行业自信、开拓全球市场、传播中国文化有着驱动作用。这种看不见的力量让茅台美誉持续绽放，提升市场竞争力，筑造抗风险的坚固城墙。

文化力：由茅台文化投射出的茅台文化力，是基于茅台文化内涵的一种张力，是价值观和秩序的重建能力。对于茅台内部而言，它构建了企业的内部凝聚力和发展力；对于消费者而言，它重新定义了一瓶好酒的价值。对于行业而言，它重构了行业的格局和秩序。从微观来看，文化是助推茅台成功的关键力量，茅台成功的一个决定性因素就在于对文化的深度挖掘与融合。从宏观来看，茅台文化力折射出了中国文化复兴的光辉，亦是白酒文化的代表性力量。

基于此，我们将茅台"五力"凝聚为五部作品，即《茅台工匠力》《茅台创造力》《茅台定力》《茅台美誉力》《茅台文化力》，融合商业、文化、社会学及品牌等视角，通过模型构建，用场景化、主题式、切片式的方式，对每一种力量进行阐释，研究其形成的原因、赋能企业发展的路径及未来发展方向。

站在"两个一百年"奋斗目标的历史交汇点，征途漫漫，唯有奋斗。站在茅台建厂70周年的新起点，面对未来的无人之境，无限风光在险峰，唯有前行，不负韶光。在新征程上，我们期待茅台继续埋头苦干、自我革新、勇毅前行，创造更辉煌的未来。我们更相信，以茅台为代表的高质量发展样本企业，一定能够不负使命、攻坚克难，迎来更伟大的胜利和荣耀。

时光总是向前，奋斗永不停歇。循梦而行，向阳而生，所有美好，终将绽放。欢迎读者与我们交流，我们的电子邮箱是：5256100@qq.com。

张小军　马　玥　熊玥伽

2022年11月1日

特别说明：

每一个汉字都承载着特定的文化信息，具有丰富的文化内涵，"茅台"这个词在本书的写作中，除非有特定语境，均为茅台集团或茅台酒的简称，具体理解与描述语境相关。在本书中，中国贵州茅台酒厂（集团）有限责任公司简称茅台集团，贵州茅台酒股份有限公司简称贵州茅台，贵州茅台酒厂（集团）习酒有限责任公司（2022年9月9日，贵州习酒投资控股集团有限责任公司揭牌）简称习酒，其他涉及茅台集团的分公司、子公司，本书尽量采用类似的简称进行描述。

前　言
工匠力成就茅台品质

何为工匠

《说文解字·卷五·工部》写道："工，巧饰也，象人有规矩也。"本义为曲尺，后引申为精湛的技巧和技艺。《说文解字·卷十二·匚部》中有对"匠"的解意："匠，木工也。从匚从斤。""匚"是一种古代方形器皿，"斤"则是用来制作木器的斧具。"匠"原指木工，后来泛指百工，高度概括了具备专门技术的工人。工与匠的结合，形象生动地诠释了词语的内涵。工匠使用工具，将技艺、情感、意志付诸物件，亲手创造出内容丰富的艺术品。工匠一词不仅代表手工业者，更象征着这一群体对技艺的追求，对自我的希冀，对他人的承诺，对文化的传承。

其他国家同样有工匠一说。日本工匠崇尚极致的专注精神，追求精益求精、严谨细致、择一事终一生的职人精神。美国工匠更注重创造新生事物，开辟新领域，在蓝海中淘金，即工匠是不断产生新想法并付诸实践、努力实现的人。德国工匠

身上更多体现出规则、标准、流程与秩序。"Alles in ordnung."这句口头禅,意为一切都在秩序中。不难看出,各国文化对工匠的定义类似,即追求技艺,探寻自然和事物的规律,并将之用于造物。工匠精神则是世界各国共同追求的优秀制造文化。

从衣食住行,到娱乐生活,工匠与我们的生活息息相关,富有活力的同时,又饱含烟火气。在中国传统文化中,"匠"指代丰富,木匠、陶匠、铁匠、石匠……民间更有"九佬十八匠"的说法,从金银首饰,到锅碗瓢盆,匠人的工作涉及生活中的各个方面。生产盛装用具的篾匠、铺设修缮砖瓦的瓦匠、制酒酿酒的酒匠……他们活跃于街头巷尾、民间店铺中。他们靠手艺为生,走街串巷,服务乡民,不仅是巧夺天工的手艺人,更是中国几千年文化积淀的代表。

时代呼唤工匠精神

随着时代变迁,工匠的社会角色和地位发生着动态变化。商周时期,工匠职业不被重视,为技艺之"小道"。直到春秋时期,管仲划分四民分业之论,"工"为"士农工商"之一,为百姓之本业,工匠的地位逐渐提升。在庞大的群众群体中,工匠人才蜂涌而出。汉之胡宽,以高超的建筑设计技艺著称于世;唐之毛顺,堪称灯楼名匠;宋之喻皓,尤善宝塔楼阁……这些能工巧匠凭技艺留名,他们的身影常见于文人笔记中。

工匠的地位在社会经济的发展过程中逐渐被肯定。南宋时期,经济文化得到进一步发展,手工业市场蓬勃发展。明朝后期，伴随着手工业的大力发展，陆子冈、鲍天成、赵良璧等能工巧匠之名广为流传，匠人职业地位不断提高。

然而在近代工业的发展背景下，工匠体系受到了很大的冲击。

自18世纪第一次工业革命以来，西方国家手工业迎来剧烈震荡，它既是行业变革的推动者，也是社会转型的参与者。这一时期，一部分工匠发明并生产了促进工业进步的机器，交通业、纺织业、制造业迎来天翻地覆的积极变化。但传统的工匠体系开始解体，手工业面临严峻考验。物美价廉的工业产品涌入市场，机器生产愈发显露出优势，工匠群体遭受严重打击。

19世纪，工业革命后期，工匠体系迎来了转型重构的节点。除少数领域外，传统手工业逐渐消亡，工匠群体被迫分流，或改行，或进入工厂。与之类似，随着中国封建专制历史的结束，工业变革的影响逐步显现，不少手工业生产受到冲击，力求精益求精而较机器耗时更多的传统工匠群体逐渐失去适宜的舞台。尤其进入现代之后，机械化生产逐渐替代人工，在效率优先的时代，手工工匠群体甚至被认为已"过时"。

近几十年来，随着现代制造业的发展，以及消费升级的变化，工匠重新受到关注和重视。党的二十大报告指出："加快建设国家战略人才力量，努力培养造就更多大师、战略科学家、一流科技领军人才和创新团队、青年科技人才、卓越工程师、大国工匠、高技能人才。"

一方面，现代工业的生产制造需要专业的工匠；另一方面，消费者追求高品质产品，呼唤工匠精神的回归。实际上，从传统制造到现代制造，社会分工、生产方式等虽然发生了改变，但工匠精神始终没变。虽然现代工匠与以往大不相同，特别是其内涵范畴扩大至更多的产业，如机械、航空、自动化、电子等，但古今工匠精神仍旧相通。工匠精神所代表的始终是敬业、执着、专注、精益求精、刻苦钻研、创新创造、一丝不苟、坚韧不拔等美好品质和态度。经过工匠之手的产品被认证为精品，兼具使用价值、审美价值，具有永世流传的经典意义。

在日新月异的现代社会，中国所呼唤的并非"十年专攻技"的日本匠人，也不是"精益还要求精"的德国匠人，而是既能用巧妙心思解决社会、工作、个人问题，又能创造价值、创造美好、勤劳拼搏、团结奋进、甘于奉献的大国工匠。中国工匠承继着自农耕文明延续下来的精神，具有实现国家和民族振兴的力量。他们身上应当有时代所需要的专注、坚守、追求极致、品德高尚等精神。中国工匠正在逐步将经验与智慧融入精湛、巧妙的手艺中，以顺应天时的哲思走向国际舞台。

大国工匠，茅台典范

在茅台，新时代的中国工匠精神找到了范本。茅台工匠精神自两千年前的农耕社会延续至今，既具有传统工匠的魅力，又在时代召唤下产生新变化，具有中国工匠精神的典型性与代表性。

茅台工匠精神是传统的延续。

茅台的酿造技艺代代相传，区别于许多现代工业企业。茅台酿酒顺应天时，遵守造物之法。一年一个生产周期一旦开启，茅台工匠就将遵循天时，在正确的时间制曲、制酒，再经过足够长时间的贮存，才能得到佳酿。五月端午制曲，七次取酒，八次摊晾，九次蒸煮，这些都是一代代工匠的智慧结晶，是老一辈留下的宝藏。在技艺传承的同时，祖辈们的精神也延续下来。他们所具备的专注、诚恳、坚韧、创新、纯粹等品质，在后人身上非常明显。

茅台工匠精神是追求极致之工。

茅台工匠世代传承坚守，用诚用心，他们在逆境中开拓创新，在完美中精益求精。从偶然取得枸酱酿造法，到唐宋时让"酒以火成"，继而在元明时期发现回沙工艺的美妙，茅台酒匠用了上千年的时间精进技艺。

极致蕴藏在茅台酿造的处处细节中。端午制曲时，茅台工匠需要拿捏小麦的含水比例，踩制曲块时需要控制它的高度在12.5厘米到14.5厘米之间，装仓后要等曲块温度达到60℃才能进行翻曲，拆曲后的曲块不能留有3厘米以上长度的稻草……重阳制酒时，茅台工匠需按照一定比例实现高粱破碎，再用90℃以上的水润粮至一定湿润程度才开始蒸粮，接着摊晾拌曲、堆积发酵、入窖发酵、开窖取醅，等等。

工匠们各司其职，对每个环节、每个动作都有极致要求，

不计繁复，不计心血，只为得到一杯好酒。

茅台工匠精神在于拓新钻研。

创新创造是茅台工匠精神的主题。对于不能变的部分，茅台坚守传统，对于可变的环节则勇于拓新。茅台工匠从不会沉浸在手艺中，而是擅长发现问题、解决问题。

万历年间，茅台镇发生过一场战事，当地农业遭受损失，高粱产量急剧下降。这无疑给了茅台酿酒业重创。此时，茅台工匠不愿放弃，他们反复研究，最终创造了回沙工艺，能用较从前更少的粮食酿出品质更好的酒。正是这种钻研的精神解决了现实问题，并成就了茅台的独特工艺。

工匠几乎每天都在面对新的工作难题。例如，面对酒醅在预计时间内未完成发酵的问题，经验丰富的酿造师需要综合地理条件、温度变化等要素进行考量，才可能找出根源，再提出解决方案。他们这种探索的精神既是为了解决工作难题，也是为了保证茅台酒的品质。

另外，茅台工匠精神还具有创造价值、创造美好、做对事而不是做快事、质量为上、责任担当、正直乐观等多重内涵。随着时间的推移，茅台工匠精神还将拥有不同意义，但其核心不会改变，工匠们笃定且自信，为了品质如一的美酒倾尽一生。这种尊重传统、追求极致之工，并持续拓新钻研的精神，正是中国企业工匠精神的典范。

茅台"五匠"之力

在新时代，茅台正从匠心、匠魂、匠术、匠器、匠人五个维度形成新时代"五匠质量观"。无疑，工匠精神是高质量发展的重要支撑。匠心是初心，始终坚持精益求精、品质为先；匠魂是理念，茅台工匠将之贯彻到一切生产质量工作中；匠术是方法，严守全过程、全场景、全员工三大控制论；匠器是支撑，精制标准和技术，提升质量管理现代化水平；匠人是根本，打造一流工匠队伍、科研团队和管理精英。

我们看到，在新时代的召唤下，工匠精神的影响力正在扩大。在茅台，人人都要发挥工匠精神已是共识，是茅台每个岗位、每个人的追求。例如，为了找到一张封坛用的构皮纸耗时4年之久；酒瓶上前后贴标两边的间距必须一样，相差超过4毫米将被视为废品。这些都是不同岗位工匠的习惯和标准。

茅台工匠精神所具备的延续性、时代性，使其极具研究价值。当"五匠质量观"被茅台工匠内化于心，茅台工匠力将迸发哪些可能？茅台工匠力究竟特殊在哪里？未来，茅台工匠力会指向何方？怀着这样的追问，考拉看看头部企业研究中心将本书分为五个部分，从五个方面剖析茅台工匠力。

第一部分，阐释何为茅台工匠力，将它和品质直连，讲述工匠们在先辈的基础之上，不断精进技艺，酿出好酒的同时，也练就一颗匠心。独一无二的茅台工匠力支撑起茅台的品质表达，也带有中国气度和民族特色，是中国工匠力量中不可或缺的一部分。

第二部分，深究茅台工匠力的工艺表现。通过追溯茅台酒酿造工艺的发展历史，解密茅台。茅台酒是传承自农耕社会的工艺结晶，从原料到勾兑，从包装到器物，它是真正的精工细酿，极致之工。

第三部分，探讨茅台工匠力形成的环境特征，即茅台工匠培育之法。茅台有一支领先行业水平的工匠队伍，他们经茅台的人才培养、技艺传承与精神传递，才成长为工匠。父传子、师带徒是茅台传承技艺的方式，在成长为大师的过程中，茅台工匠坚守传承，在开拓中进取。

第四部分，讲述茅台工匠力带来的持续性力量。茅台成功的要素之一是将朴实而重复的事情持续做好。茅台工匠们日复一日、年复一年地做一件事，这种持续性促进了茅台的发展与壮大，成就了茅台的非凡之功，支撑着企业持续向前。

第五部分，探析茅台工匠力如何打造茅台未来，将打造怎样的未来。在走向世界的过程中，茅台将以更严苛的质量标准，参与到全球企业的竞争与角逐中。新的茅台工匠将继续坚守传统工艺，夯实酿造高品质茅台酒的地基，培育世界级的工匠。

工匠精神的形成非一日之功，也不是照搬能得，但守正笃实，久久为功，通过制度建设、文化影响、氛围营造等多种方式，企业能够打造拥有自身基因的工匠队伍，在工匠精神的推动下持续向前。基于对茅台工匠力的全方位解读，希望能够给更多企业以启发，让大国工匠力在新时代闪耀光芒。

目 录

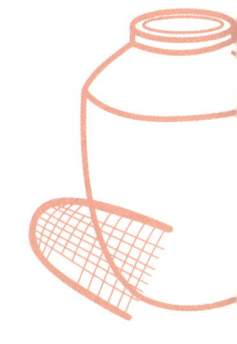

01 茅台工匠力——成就品质之力

- 立方体解读：人、尺度与持续　003
- 茅台工匠力是特定时空的产物　017
- 茅台工匠力为何持续　027
- 彰显大国工匠力　035

02 工：精工细酿、极致之工

- 传承古人的酿造工艺　041
- 解密茅台工艺特征　059
- 用工不计繁复　109

03 匠：茅台工匠集体镜像

- 人人都是茅台工匠　141
- 茅台的"师带徒"　145
- 锻造大师需八步　162
- 茅台的工匠精神　195

04 力：持续就是力量

- 持续地精酿与精进　213
- 工匠力决定茅台未来　226
- 从茅台到行业的高质量发展　235
- 未来中国需要工匠力　242

05 倾工匠之力，打造茅台未来

- 注入新鲜工匠力量　251
- 酿造高品质未来　263
- 成为世界级工匠　276

后记　我们这个时代的工匠精神　288

01

茅台工匠力
——成就品质之力

贵州这片独特的地域，盛产美酒，茅台能从中脱颖而出的重要原因在于，一代代工匠在先辈的基础之上，不断精进技艺、酿出好酒，也练就了一颗匠心。

这片土地、这群人、这些年，铸就了不可复制的茅台工匠力。这股力量是极致之功，支撑起茅台的产品品质，也带有中国气度和民族特色，是中国工匠力量中不可或缺的一部分。

立方体解读：人、尺度与持续

点和线：人的合力和无限可能

清晨五点，整个茅台镇还未从睡意中醒来，一辆辆从中枢镇来的早班车陆续驶入茅台酒厂，有序停在各生产车间门口。俯瞰此时的茅台酒厂，会看到无数茅台人自班车上下来，走进车间。

2001年就进入茅台工作的邓维是其中之一，他是制酒二十车间的一名酒师。邓维每天到岗第一件事，就是仔细排查班组的安全隐患，结束后再去检查昨日上堆酒醅的发酵情况。作为茅台认定的二级酿造师，同时也是两个徒弟的领路人，邓维感觉自己挑起了一副不轻的担子。

如邓维一般的酒师、曲师、勾兑师在茅台有上千，普通的一线员工也达数万，他们是茅台工匠这一大概念的基点，正是他们每日辛劳才有了滴滴香醇的茅台酒，为茅台品质筑起城墙。

茅台工匠力

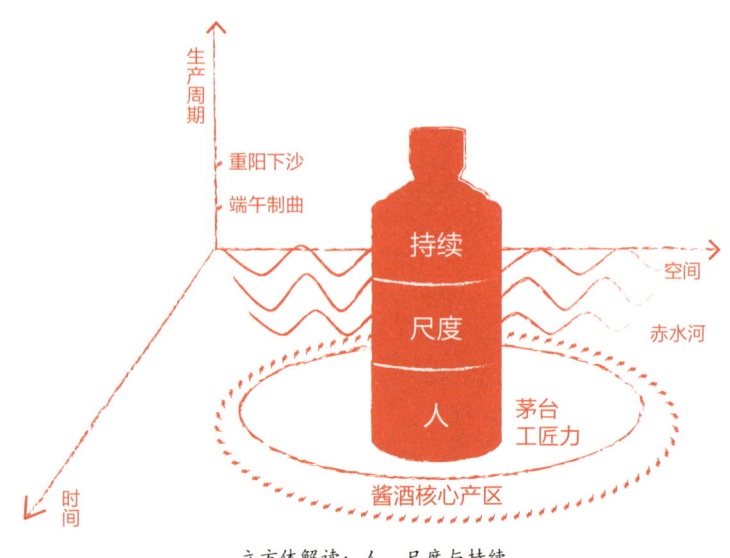

立方体解读：人、尺度与持续

对一件商品的评价，市场给出的回答是最真实而残酷的。茅台酒在白酒市场上的地位很奇妙，它似乎是消费者竞相追逐的目标，又受到不少批评，但仔细聆听不赞成的声音，都是关于包装的、服务的，却没有诟病品质的。

茅台酒的品质，几十年如一日。拆开简约却不简单的外包装，就可看到一只标有"贵州茅台酒"的乳白色玻璃瓶。它有自信冠以贵州与茅台之名，背后的精神力量来自茅台的千万工匠。茅台品质由茅台工匠力成就，而茅台工匠力也是茅台成为高品质品牌的独特动能。

在探寻茅台工匠力这一概念的内涵前，先来看作为基点的工匠个人。在中国几千年历史中，有工艺专长的人从单打独斗、维系温饱，到加入工业化潮流成为企业一员，这是一个离开农业社会，自觉走入工业时代的漫长过程。

茅台令人敬仰的大师王绍彬便是如此。他于1912年出生在仁怀市交通乡一个农民家庭，12岁就开始做雇工谋生，1930年入荣和烧房做烤酒工，六年后离开烧房，经营自己的小本买卖。但酿酒是一辈子的事，兜兜转转，王绍彬还是回到了初建的茅台酒厂，任一车间二班的酒师。

如王绍彬一般的工匠，他们的自我认知在这一过程中开始扭转，从我行我素的个人风格中抽身，学会将自己看作分工中的一员，与其他工匠鼎力合作，共同创造产品。完成这一认知转变的茅台工匠，他们就是一个个基点，是茅台工匠力的第一个维度。他们作为有血有肉的酿酒人，有属于自己的酿酒性格，同时他们作为茅台工匠，又有一双神奇之手，能保证每一个批次的茅台酒都有相同的风格与稳定的品质。

茅台工匠每日的行动简单易琢磨，他们几乎日复一日地做同一件事，年复一年地在几十平方米的空间里打转。虽然他们默默无言，但每轮次香味各异的基酒却是他们的证人，证明在重复的表面下有一种力量在发挥作用。

茅台工匠力是一种不可言说的力量，它好似物理力学上的基本概念，是促使物体改变运动状态或发生形变的根本原因。茅台工匠坚守传统工艺，将他们的酿酒精神融入每一项操作中，令高粱、小麦与赤水河河水化作琼浆玉液。每一滴酒都是

茅台工匠力

茅台工匠力量的外在表现，他们踩动曲块的步子紧密，上甑的手臂张弛有度，勾兑样本前轻柔地嗅闻，他们让茅台镇的雨、水、风、露、高粱、泥土等转化为一杯佳酿，茅台工匠的力量就是其中的催化剂，装百香入酒。

虽是不可直接观测的力量，但茅台工匠力有属于自己的受力方向。酿酒不是天生的职业，酒匠的技艺也不能做到无师自通，什么原因促使他们与酒结缘，一埋头就是一辈子？

制酒十九车间的酒师朱隆昌曾是一名退伍军人，他2005年初到茅台时正赶上重阳下沙，从未接触过酿酒的他，脸上常挂着笑容，繁重的劳作对他而言显然没有什么压力。老员工怎么做，他就怎么做，如果遇到问题就立刻请教班上的酒师，他概括了自己坚持了十几年的学习模式，无非是八个字：多看、多学、多问、多做。

出生于1993年的钟雪梅，2016年大学毕业后在法院工作了半年，通过社招来到茅台的制曲车间。她坦言，当初只上了一天班，就因为高强度的工作有了退缩之意，直到持续工作了半年后才将心态调整过来。钟雪梅在日积月累中发现了制曲的美妙，明白即使状似简单的踩曲也在无形中锻炼着她的细心与耐心，她决定留在茅台。

茅台工匠进入酒厂前的职业各不相同，汽车维修工、农民、退伍军人、保险销售员比比皆是，但他们能很快融入茅台这个大家庭。久而久之，他们看车间里的一切都那么自然，那种为茅台酒品质奋斗的信念油然而生。

每一个茅台人对培养他的这个企业，都怀有一种感恩之情，不认为自己是一颗冰冷的螺丝钉，而是一个活生生的人，是汇聚成茅台的一部分。他们对品质的极致追求，源于工匠精神的召唤，将每一环节都做到极致，并非简单地酿造，而是成就时间玫瑰，让消费者品味芳香。

在群策群力的基础上，工匠成为企业的创新基点。茅台因此树立了"员工是最宝贵的财富，人才是最重要的资源"的工匠观念。通过聚焦核心专业人才、建立后备人才库，以及揭榜挂帅、赛马制度、工匠八步、茅台工匠、金牌班组等重要举措，茅台不断激发人才活力，实现人才"各得其所、尽展其长"的良好氛围。

在茅台人看来，匠心是初心，匠魂是理念，匠术是方法，匠器是支撑，匠人是根本。茅台对工匠报以信任和尊重，给予他们充分的工艺操作决策权，认可他们的行家地位，绝不做居高临下的指挥者。而完善的人才体系、扎实的科研基础、高超的科研水平，无一不体现出"工匠是企业高质量发展的第一资源，4.3万余人是茅台最宝贵的财富"这一观点。

如果将工匠看作无数个锚点，那么茅台企业就是承载它们的一艘巨轮。卓越的品质就像无边无际的大海，当茅台航行于这片品质之海时，这些锚点将为它保驾护航。茅台工匠的基础身份是一名酿酒人，无论是在作坊时代，还是在建厂后指导班

组，他们的愿望很朴实，就是酿出好酒。当他们看到酒花在碗里翻腾，香气扑鼻而来，前面几个小时的劳累仿佛瞬间消散。

工匠力的指向有前后之分，出好酒在前，争荣光在后。茅台酒是世界绝无仅有的，它的工艺更是中国独一无二的。作为中国顶级白酒代表之一，茅台酒的品质代表国家质量与国家信用。"爱我茅台，为国争光"并非一句空话，而是茅台工匠力的最终指向。

工匠如果是原点，工匠力就好比从这些原点延伸出的射线。这些射线既可以象征茅台酒年复一年的酿造过程，也可以将它看作茅台工匠辛勤敬业的一生。

象征着工匠力的射线，拥有着并不确定的方向，它们的方向与工匠的个人追求息息相关，可能偏向制曲、制酒、勾兑、包装任意一方。且这一射线向外延伸的速度不一，正如某些一同入茅台的工匠，几年、十几年或几十年后才各有所成。

同时，原点与原点之间，即工匠与工匠之间，并非毫无联系，他们由一根隐形的名为茅台精神的线彼此串联。这一线条让看似独立的茅台工匠紧密相连，让个性迥异的茅台工匠拥有同一种价值观。茅台精神不同于其他企业精神，它的产生无须经过培训灌输，而是茅台工匠必然会生发出的一种精神力量，正如他们通过经年累月酿酒而慢慢产生的工匠精神。茅台精神，这条无形的线将所有茅台工匠与茅台联系在一起，它是一条无法斩断也无法解开的强力纽带。

点与线结合,即将作为基点的茅台工匠力量,通过多方面的指引,汇到一处,创造出属于茅台的品质文化。它不仅代表了个人工匠的坚持、敬业、专注与创新,更融合了所有茅台工匠酿造能量的爆发点,是茅台工匠力这一概念本身。未来,茅台以它为锚点,还会生发出千万条线,创造无限可能。

面:精工细酿与极致工艺

数万茅台工匠,每个人都是一个锚点,他们受工匠精神与茅台精神的驱使,专注于酿酒而生发出无限延伸的力量,最终成就茅台品质。

每位工匠并非独立,企业、个人与茅台酒的品质互有交集,最终织联成网、集结成面。这便是茅台的生产面,其覆盖范围非常广泛,除了一线的制酒、制曲,还有微生物技术、质量管理和食品监控,以及监测茅台水、土、气等环境因素的生态环保等。

透过生产面,可以看到茅台精工细酿与极致工艺的品质追求。一年酿造周期内,工匠们将春夏秋冬的工作内容化成美酒。千万工匠的每日动向与思考都在这一平面内,他们用自己的双手,将古老的酿酒技艺与现代科技结合,分析一瓶酒的香气物质,投注一生的力量去揭开茅台酒的奥秘。

生产面影响着茅台人的精神面貌。绝大多数茅台工匠在一

线工作,他们的精神面貌是茅台的基础面。注重品质、吃苦耐劳被视为天经地义,茅台工匠虽生在现代,但骨子里始终存着古老的匠心传承。"浩浩青史,悠悠烟云;茅台奋发,万象维新。思我茅台,震古烁今;香誉千载,一脉永承。其源也远,其技也精;其香也美,其位也尊……"这是茅台2019年茅台酒节的祭文,也是茅台工匠心照不宣所传承的精神力量。

"很多人说我好辛苦,我也不是辛苦,最起码我要对得起我的公司,做好我的本职工作。"这是任金素的原话。她1988年就来到茅台,一直深耕制曲,即便成了首席酿造师,人也经常不在办公室,而是出现在每个班组,就制曲疑难问题与生产人员当面交流。从普通制曲工人一路走来,任金素已经在茅台奉献了几十年,但她身上那股子吃苦耐劳、任劳任怨的劲儿丝毫不减,即便不是她值班,她也会走遍所有制曲车间,看遍每个角落。

生产面还是茅台创造力的一个切面。茅台工匠是创造之源,他们的灵感来自日常生产,如何把握微生物发酵的时间,如何阻止封窖泥与酒醅接触,如何在不降低品质的前提下提高效率,都是他们的自我追问。

工匠们的创造力看似微不足道,不过是为了隔绝酒醅与封窖泥而增加一张棉布,为了接酒时不浪费基酒而购置防溢出报警器,为了更省力而自制新材质工具,可这一点一滴就汇成了茅台的创造力。自觉创造,工匠的巧思是为自己创造美好的生活,也是为品牌创造更高层次的价值，更是为大国工匠创造未来。

工匠力量形成生产面需要有尺度，按规矩行事。从"匠"字的含义来讲，"匚"除了指放置器具的筐，还有"匚者，矩也"的意思，即规矩、规则。

在《墨子·法仪》中写道："虽至百工从事者，亦皆有法。百工为方以矩，为圆以规，直以绳，衡以水，正以县。无巧工不巧工，皆以此五者为法。"《说文解字·卷五·工部》中认为，"工"需要利用"规""矩"从事技术工作。这些正说明法度、尺度、准则对于工匠的重要性。工匠需要按方圆、长短的规则来操作，做到不逾矩、不犯规。如果没有尺度、规矩，不依"法"行事，也就没有工匠之说。

茅台工匠亦需要遵守尺度。我国自古以来就有"规天矩地"的说法，这就要求工匠在造物时遵守自然的基本尺度。茅台酒的酿造讲究顺应天时，端午制曲、重阳下沙，需要根据气候变化调整工艺，历时一年，成就水、曲、沙的美妙融合。

尺度存在于每个工艺细节中。茅台酒的工艺神秘而繁复，需要经历30道工序、165个工艺环节，每个环节都有尺度。例如，封窖时必须为酒醅打造一个密闭空间，不能让氧气进入。管窖时也要格外注意封窖泥的状态，未到开窖时间，泥如果开裂，酒醅就可能发霉，导致基酒也带有霉味。自一月前完成封窖，每一日雷登强都要进行例行检查。夜里需要保温和保湿，白天需要敞开透气，因为过于湿润的封窖泥会导致泥水浸入酒

醅，影响品质。

不卖新酒也是一条规则。尝一口茅台，特殊的口感总会让第一次饮酒的人惊叹。这份与众不同要经过时间的磨砺，一年、三年、五年累积起来，让时间带走酒中的辛辣物质，留下醇厚。即便供不应求，也绝不打破不卖新酒的规矩。

尺度不是机器式的量度，而具有一定的浮动范围。浮动的上下值没人能准确定义，更多借由天时、地利、人和。夏冬有温度差，酒醅发酵的天数由工匠决定，发酵效果不好，如何调整也没有固定答案。在茅台酒的酿造工艺上，最有话语权的是工匠，他们根据经验与感受调整生产，往往比根据精密仪器的测量结果调整生产更合适。

在由茅台工匠构成的生产面内，工匠的力量是基本脉络，而精工细酿与极致工艺是他们的尺度与规则。如果说茅台是一栋正在扩建的建筑，生产面就是地基，地基的大小将决定建筑的体量。换言之，茅台工匠力所构成的生产面，就是未来茅台的立足点。

体：穿越时空的力量

点、线、面的发展，持续为茅台工匠力提供动能。

从原料进厂，到制曲、制酒、贮存、勾兑、包装、销售，酿造一瓶茅台酒需历时5年。在这一时间轴上，工匠力不断延伸。同时，不同的场景、区域也在这一"时间轴"上串联整合，逐渐展开、蔓延，使工匠力拥有一个环环相扣的"空间轴"。茅台工匠在这一过程中尽情发挥自己的力量，承担不同工作内容的他们组成不同的责任链条，使工匠力又在"人物轴"中不断充实，逐渐变得立体。

平地起高楼，正是茅台几十年来的真实写照。以工匠为锚点，他们的力量辐射四方，化作千万条脉络，涌向品质之路。看不见却可体会、可琢磨的精神纽带，将千万工匠连在一起，共同打造了茅台的基础生产面。匠心为根，品质为魂。这一囊括所有工匠力量的平面，在不断积蓄能量，起初只有扩大之势，随着能量的积聚，它向上发展已是时之所需。

茅台的工匠力量最初过于弱小，只有极个别工匠引人注目。等茅台酿造工艺稳定下来，企业管理层层规范，一种爱手艺、爱企业、爱国家的情感在所有茅台人心中油然而生。从这时起，茅台工匠不再是某些技艺高超的酿酒人的代名词，而是茅台内部所有人的代称。他们是茅台酒品质的监管人，即使不在生产车间，他们所承担的挑选原料、检测物质、提供动能等工作也是酿造中不可或缺的一环。

最初，在由茅台工匠构成的层面内，似乎只有最贴近生产的酿酒人才被视为工匠。如今茅台人人是工匠，这一层面的内涵更广泛，范围也进一步扩大，从基层生产一直延伸至企业管

理层，真正的茅台工匠力聚集成体，孕育而出。

要获得穿越时空的力量，茅台工匠力需要时间沉淀。这一过程非常漫长，可能十年、几十年甚至上百年。茅台工匠力已经过多个发展阶段，逐渐立体化，所迸发的能量让茅台走出贵州，走出中国，走向世界。

第一阶段始于西汉终于唐宋。从枸酱开始，历史就对茅台进行了一次又一次的选择。它的初始形态获得汉武帝的赞美，它在茅台镇扎根，与酿酒技艺同步成长。"呾酒""钩藤酒"得到小范围的认可，变成贵州一方名酒。

第二阶段始于明终于清。此时茅台酒已远销千里，在中国美酒中扬名。明清时期，茅台这一地区酒匠所酿造的酒已颇负盛名，烧房陡增，人们以"酒冠黔人国，盐登赤虺河"来赞美茅台的美酒。当时好酒之列已有茅台的一席之地，云南、贵州、四川和湖南的客人纷至沓来，只为来此购酒，运到千里之外贩卖。茅台酒走出了贵州，凭借其傲人的口感，不论是谁饮了都要啧啧称奇。

第三阶段始于1912年终于1978年。这一时期品质成就了茅台今非昔比的地位，使之在国内名酒甚至世界名酒中脱颖而出，为茅台构建了不可逾越的品牌价值之门。1915年，在巴拿马万国博览会上，茅台酒获得金奖。工匠力成就的茅台品质征服了评委的味蕾，茅台酒作为中国民族品牌，与世界各品牌同台竞争，为中国争光。此外，茅台酒还与红色文化相遇，见证了国家在政治、经济、外交、文化等领域的发展。

第四阶段始于1979年终于2008年。这一时期茅台创新酒文化，发挥工匠力这一原始动能，不再局限于生产层面，还致力于管理，让更有序的管理为茅台酒的品质服务。2003年，茅台荣获"全国质量管理奖"。在工匠力的推动下，茅台不仅具备了强大的商品属性，更是逐步从历史中挖掘文化底蕴。

第五阶段从2009年至今。茅台正努力成为大国工匠的先行者，为中国传统制造业作出表率。与多年前相比，茅台已形成"天贵人和，厚德致远"的核心价值观，并在茅台工匠群体中得到广泛认同，明确提出了坚守"以顾客为中心，以质量求生存，以创新求完美"的质量方针。

要在庞大的市场中守住本心，茅台需要依靠工匠力，摆脱市场的桎梏，走出一条独属于自己的进阶之路。工匠力未来将是茅台的核心竞争优势。

茅台工匠力的立体化需要时间，是一个持续的过程。倘若在任何一个阶段，酿酒的条件无法得到满足，延续千年的酿酒传统被断绝，则何来茅台酒厂，更不会有如今飘香世界的贵州茅台。

几千年来，赤水河始终奔流不息，沿岸的居民以它为生，用重阳节后的清澈河水润粮酿酒。流淌的赤水河好比一条时光银河，它从千年前穿越而来，见证了古代酒匠的专心专注，在

某种意义上记录了茅台酒的所有历史。赤水河不语,但它与茅台工匠力始终共存,美酒河和新酒匠的故事也才刚刚开始。

  经过时间的沉淀,立体化的茅台工匠力具有穿越时空的力量,经它酿造的茅台酒越存越香,是酱香,也是茅台酒的历史醇味。

茅台工匠力是特定时空的产物

穹顶之下，方圆之内

工匠之作具有空间性，其风格、形式均受到地域的影响。不同的土壤、空气、水质、地域文化孕育出不同的作品，赋予工匠之作空间独特性。在中国，白酒呈现出显著的空间特征。不同香型的白酒有其不同的分布区域。以长江、黄河两大河流为界，中国酿酒产区从南到北分布，长江以南多产酱香型白酒，长江与黄河之间多产浓香型白酒，黄河以北多产清香型白酒。出了这些地域，即便采用同样的酿造工艺，只能得到味道相似的产物，它们无法成为最优的酒。

从空间层面来讲，茅台酒的故乡就是茅台镇。穹顶之下，方圆之内，茅台酒具有不可复制性。贵州省仁怀市是茅台酒的核心产区，而法定产区更小，东靠智动山、马福溪主峰，西接赤水河，南接太平村以堰塘沟界止，北接盐津河小河口，只有15.03平方公里，是最适合酿造茅台酒的地方。

茅台厂区及赤水河

离开茅台镇，就酿造不出茅台酒，这一结论精准地说明了茅台酒的空间特质。20世纪70年代，茅台开展了易地实验，他们调用厂内的技术人员，照搬原来的酿造工艺，从原材料、辅料、生产设备到实验基地的格局都与茅台酒厂一模一样。十年左右，遵义市十字铺的茅台酒实验工程经历了90个轮次、3000多次分析实验，终于勾兑出色、香、味都酷似茅台酒的实验酒。㊀

为了验证实验成果，全国评酒委员会考评组长周恒刚率有关专家、教授等50多人，对实验酒进行品鉴，最终给出了"微黄透明，酱香突出，幽雅，具有酱香酒的典型风格""酒质较

㊀ 陈泽明，龚勇.贵州酒典[M].中国商务出版社，2014：69.

好,但同茅台酒相比还有一定的差距"的评语,⊖这实际上宣告了茅台酒易地实验的失败。

为什么茅台酒无法复制?

四面大山重重包围了茅台镇,一条赤水河从中流过,千百年的岁月造就了茅台镇湿度适宜、风速小、日照短、霜期短、温差小等地域气候特点。这里平均海拔为423米,四面青山环绕,就好像一个天然的酒甑。茅台镇有自己的小气候,风微雨少,冬暖夏热,平均温度约16.7℃,最高温度达40℃,这都是酿酒的有利因素。

茅台镇也有令其他地域难以望其项背的一点,这里有两千多年的酿酒历史,早已沉淀下相对稳定的酿酒微生物群,加上河谷地带难有大风,无法自然消散,因而越积越多。这些看不见摸不着的微生物帮助酒曲、酒醅发酵,才有了不同香气的轮次酒。

酿酒微生物是茅台最重要的生态密码。茅台技术中心研究员是陈良强自发酵工程毕业后的第一份工作,距今已接近十年。陈良强是真正的"十年磨一剑",全身心都扑在茅台酒中的微生物上。他明白工艺与微生物是难以分割的,工艺上的一点改进与环境中的一点改变,都会对微生物造成影响,从而影响茅台酒的产量与质量。解密茅台微生物工作原理,是陈良强一生的追求,他戏称这一工作的难度对他而言不亚于造原子弹。

⊖ 中国贵州茅台酒厂有限责任公司.中国贵州茅台酒厂有限责任公司志[M].方志出版社,2011:257.

现在去茅台镇旅游，连空气都有酒的味道，从进镇的公路盘旋向下，一过酒文化城味道就更浓郁了。如果将茅台镇看成一个酒瓶，那么茅台酒厂就是瓶底，蕴藏着几百年积攒下的浓郁酱香。过了酒文化城，就能看到又名"茅酒之源"的茅台酒厂一车间。当年成义、荣和、恒兴三大烧房都建在这里，这里地势低洼，过去的酿酒因子都沉淀于此。

贯穿茅台镇的赤水河是茅台酒的酿造之源。每年重阳节前后，已过汛期的赤水河褪去赤色的外衣，转为清亮。过去，工人们挑着扁担，从小路走到河边，打满一桶又一桶的河水，挑回生产房，加热到90℃以上再倒入粮堆。

赤水河是一条美酒河，从崇山峻岭中蜿蜒而出，水质优良，富含钙、镁等多种有益微量元素。这些微量元素与高粱、小麦相结合，经过一遍又一遍发酵取酒，融入各轮次酒中，又经过数年窖藏，最终得以勾调成酒。

一方水土养一方人，赤水河还是茅台镇的母亲河。这里的居民沿河修筑房屋，群居在这片河谷中，世代务农经商。适宜的自然环境给予了农作物良好的生长条件，丰收的粮食供居民食用，高粱用于酿酒。茅台镇上设有码头，这里商旅往来不绝，带来外界的商品，又将茅台酒装箱远渡。赤水河为茅台镇上的居民带来机遇，也让山间的茅台酒声名远播，它养育了这里的人，而这里的人又酿造了茅台酒。找遍全中国的白酒产区，也找不到另一条赤水河了，它是酿造茅台酒的水，也是茅台镇赖以生存的生命之源。

赤水河的水质独特，与当地的土壤关系巨大。在开放式发酵完成后，需要将酒醅入窖发酵，当窖池被填满酒醅时，管窖工就要登场了。泥库的紫红泥已经被处理成瓦泥状，堆在一角等待启用。紫红泥主要用来封住窖面，使酒醅与空气隔离，一个月发酵时间满了才由管窖工打碎干裂的泥土。

这种泥土也大有讲究。茅台镇的地质地貌构造主要是侏罗纪—白垩系紫色砂页岩与砾岩，具有千万年的历史。这里的紫红土壤平均厚度为50厘米，酸碱适度，与赤水河一样富含多种有益微量元素，且不会对酒醅发酵产生不良影响。这种土壤还具有天然的过滤功能，无论地面水还是地下水都将通过两岸的红层流入赤水河，既溶解了红层中的有益成分，又滤出了纯洁、香甜、可口的优质泉水。

地形、气候、空气、水、土壤、微生物等环境基因是酿酒赖以生存的基础，一旦改变，茅台酒将不复存在。所有茅台人都对环境怀有敬畏之心，他们不厌其详地研究节气、工艺、环境对酒的影响，他们通过解读茅台酒的秘密，从定性、定量多个维度，揭示茅台的生态密码、品质密码、时间密码。

正是由于这种不懈追求和对自然的敬畏，茅台提出了绿色发展道路，构建低碳循环的产业体系。绿色是茅台赖以生存的发展底色，"煤改气"、赤水河流域生态环境保护、循环经济、"绿色交通"等项目推动着茅台迭代升级，与自然和谐共生。"增水、提气、固土、护微、生态系统全面监测和评价"五大专项保护行动为绿色茅台夯基垒台、立柱架梁。

穹顶之下，方圆之内，茅台有它的不可复制性。这种独一性与茅台镇的万物休戚相关。人与自然和谐共生的前提下，茅台酒才能永不变质。生态密码、品质密码和时间密码，是传承和延续茅台基因的核心要义，也是茅台坚守传统和创新发展的关键所在。

顺天应时，造物之法

时间是工匠造物的原料之一。据《考工记》载："天有时，地有气，材有美，工有巧，合此四者，然后可以为良。"由此可知，排除地气、材美、工巧等因素，工匠制造器物必须选择最合适的时间。而董仲舒也在《春秋繁露》中提出"人副天数"，将人身与五行、四时一一对应，反映出人与天时的朴素关系。

工匠造物与天时密不可分，流传已久的"日出而作，日落而息""晴耕雨织"都是工匠的劳作节奏。如《周易》所言，"法象莫大乎天地，变通莫大乎四时"，四时就是工匠的作息表，他们的一举一动都据此变通。

茅台酒是时间的产物。《管子·牧民》有言："不务天时，则财不生；不务地利，则仓廪不盈。"茅台祖先严格遵循了这一道理，他们久居河谷地带，能繁衍千年靠的就是天时、地利与人和。茅台镇的酿酒业在千年前兴起，延续至今依然不衰。

过去由于生产力水平较低，人们只能按照二十四节气进行各种生产活动。茅台镇的居民也是如此,他们日出而作,日落而息,春耕秋收,但他们与众不同的地方在于,他们闲暇之余还酿酒。

酒是粮食精,酿酒也需遵循天时,等待原料成熟。酿酒的粮食多种多样,茅台镇因为独特的地理位置,生长着支链淀粉含量极高的红缨子高粱。

每年春季,茅台镇的农户就忙着播种高粱,他们挑选晴朗的天气,将种子均匀散播在已经浇透水的苗床上,再盖上几厘米厚的干细土,等待种子发芽。镇上的高粱几乎都用于酿酒,所有人都在等待秋收。

田间地头是茅台酒的第一生产车间,精心种植高粱的农户,也是酿造茅台酒的一线工匠。

种下高粱后,等三个月过去,春天接近尾声,端午越来越近,制曲工作即将登场。

茅台酒有一传统,就是端午制曲,意为端午时节开始用小麦制作大曲。经过破碎的小麦被水浸润,加入母曲搅拌均匀,接下来的事就要交给踩曲姑娘们。她们将小麦放入容器,满满地堆成一座小山,然后来回踩压,反复多次,直到曲块的四周紧实,中间鼓起"龟背",即使打开曲盒也不会散乱,才算成功。

为何要端午制曲?这是自古以来茅台酿酒匠人的智慧,他们顺应天时,道法自然。端午时茅台镇天气炎热,该做的农活基本已经告一段落,冬小麦正好在这一时节成熟,居民收割后

可趁这段时间制作酒曲。

小麦制成曲块，需要高温发酵，端午时节的茅台镇温度升高，利于微生物勃发，制出的大曲更有利于酿造酱香型白酒。经历两个月左右，曲块才算成品，然后被存放在干曲仓，直到六个月后启用。

曲块制好，茅台镇的夏季才正式来临，赤水河迎来汛期，一阵又一阵大雨过后，河面变宽，河水赤红。这就是茅台镇酿酒先人的高明之处，他们的每一环节都与天时同步。

春季是播种高粱的时候，端午时节冬小麦成熟，正好制作酒曲，加之此时赤水河水流清澈，可直接用作制曲拌料。红缨子高粱在重阳节后被采收，而在下沙拌曲前，贮存六个月左右的曲块已产生更多利于产酒的微生物，曲块本身也能生香，为酒增味。这是不能省略的一个环节，茅台酒是酱香大曲酿成的酒，而酱香大曲的贮存时间不得少于六个月。

几个月后，镇上降雨的次数减少，赤水河水位下降，河水由赤红转变为清澈，新一轮的酿酒工作即将开始。许多地方的人都在忙着登高，庆祝佳节，而茅台人却为酿酒忙得脚不沾地。

他们拆开装满高粱的袋子，再倒入90℃以上的赤水河水，翻动高粱达到常规含水量后，经阴阳两次发酵，上甑取酒。此时，距离重阳节已经过去一个月了，生长在茅台镇高海拔地区的高粱也成熟了。本着两次投料会令茅台酒更香的原则，第二次投料工作开始了。

新粮投料与第一轮次的流程不同，它不是单独成为一个轮次，而是直接加入已经发酵过的酒醅，与它们融为一体，继续发酵取酒。分两次投料既是为了天时，也是为了地利，茅台酒匠人巧合地发现，两次投料酿出的酒比一次投料更醇厚，且茅台镇特产的高粱与别地大有不同。

只有红缨子高粱能经过七次取酒，其他高粱可能短短四五次就无法再出酒了。在天时的掌控下，茅台酒的酿造工艺与原料紧密地和茅台镇绑定在一起，不是当地所产高粱不能满足要求，不是赤水河水不能酿酒，没有合适的发酵温度就没有好曲，更没有好酒。

等投料完毕，茅台酒的生产周期才算正式完成准备阶段，之后便是重复堆积发酵，取酒七次。一轮次酒取于冬季，经过一个月的发酵，酒醅散发着浓浓的酒香。行车工将酒醅从窖内挖出，堆在晾堂，然后制酒工人加入清蒸过的谷壳搅拌均匀，让酒醅尽可能疏松透气，达到"轻、松、薄、匀、平、准"六字诀的标准。

盖上甑盖，不一会儿就能出酒，等一轮次酒取酒完毕，酒醅将再次堆积发酵、入窖发酵，直到一个月后，才拿出来进行二轮次取酒。

到了二月，二轮次取酒号角吹响了，与一轮次取酒的操作相差无几，也是尽快取酒完毕，然后让酒醅入窖发酵。

四月是三轮次取酒的时候，这是大回酒的第一次，往往格

外引人注目。

五月六月正是四轮次取酒的黄金时段，这一时期虽然入窖发酵的时长不变，但堆积发酵的时间相对于冬春减少不少，倘若冬春需要七天，此时只需要三天。

夏至过后就是五轮次取酒，也是大回酒的最后一次取酒，事关当年的出酒量。

八月是六轮次酒的尾巴，毕竟是夏季，这一轮酒的发酵速度相对较快。第七轮次酒取酒完毕正好接近重阳，新一年的红缨子高粱再次成熟，茅台酒的酿造将再度循环。

等二十四个节气一一过完，香醇的茅台酒被装入坛子，这些酒经过工匠的双手，还要静待三年蕴藏，才能成为勾兑茅台酒的基酒之一。

四季的变换在茅台工匠手中流转，应时而作，应季而作，达成茅台酒的天人合一。从茅台酒的酿造中，可以明显感受到时间的价值。"慢工出细活""反复""求质量，不求速度"等工匠精神都需要花费足够多的时间才能实现。在漫长的时间里，工匠们将热爱、专注、敬畏之心灌注到匠作之中，赋予其人文情怀、生命意义。

茅台工匠力为何持续

坚守传统工艺

"求木之长者,必固其根本;欲流之远者,必浚其泉源",若想事物发展壮大,必须先保证其根基的稳固,茅台工匠力也是如此。茅台传统酿造工艺便是茅台工匠力的根基,必须坚守传统,保证根基的稳固。在一定程度上,传统二字意为以"慢工出细活""求质量,不求速度"为代表的工匠精神。茅台工匠一直坚守传统,将酿造工艺要点镌刻在墙上,正是这种态度,保证了茅台酒的质量,构筑了茅台工匠力。

茅台传统酿造工艺的工期非常长,下沙、造沙,七个轮次取酒,每一轮都要重复打糟、上甑、摊晾、下窖等操作。对制酒工人来说,他们每日都在重复相似的工作,非常考验耐心与恒心。然而,也正因他们始终坚守古老的酿造工艺,才有了茅台酒在多变时代不变的品质。

当被问及是否希望进行机械化，让酿造工艺更新换代时，每一位工人都坚决反对。他们说，传统工艺是茅台的价值所在，工艺变了，生产出来的酒就不是茅台酒了。他们自觉地承担起传承茅台酒传统工艺的使命，将保证酒质看作自己的责任，希望未来茅台酒不变样，始终在白酒行业稳居前列。

20世纪50年代，茅台酒的传统生产工艺曾遭遇挑战。当时茅台跟随时代浪潮，展开了轰轰烈烈的增产节约运动，采用二锅头操作法，结果非常不理想，茅台酒的质量出现了极大波动。

这一状况一直持续到1956年。当年8月，全国名酒会议召开后，茅台采取了一系列措施，主动恢复一些老操作，如加强现场和酒窖管理，重视卫生条件等。两个月后，茅台又开展了"积极恢复原有工艺操作，以提高质量为中心"的先进生产者运动，积极采纳老工人、老酒师的意见，恢复了传统生产工艺，就此挽救了茅台酒的质量。

对工艺的坚守是茅台必做的功课，而面对白酒行业消费热潮的转变，要不要改换香型是又一次抉择。从茅台建厂起，很长一段时间市面上流行喝浓香型白酒。受利益与生存压力的驱使，不少酒厂纷纷转而生产浓香型白酒，迅速占据了市场，赢得了消费者的口碑。在这股浓香浪潮中，茅台没有丝毫动摇，它甚至逆流而上，继续钻研如何让酱香的茅台酒味道更醇。

茅台不仅坚守传统工艺，对香型足够自信，还执着地追求品质。走进任意一家稍具规模的酒厂，可能看见的是大型机器隆隆作响的场景；而走进茅台，机器的身影寥寥，更多看见的是制酒工人手持木锨打糟，一筐一筐地上甑，制曲姑娘们正在踩曲。

手工生产相对机械化生产而言，意味着产量低，需要的劳动力多。在劳动力价格越来越高的今天，手工酿制的成本远远高于机械化生产。茅台也曾运用一些白酒机械化设备进行过机械化生产实验，但茅台酒传统酿制工艺太过复杂，机械化设备远不及人工操作精细，既达不到制曲对曲块的形状、松紧度等参数要求，也达不到制酒对蒸煮、出入池、蒸馏等工序的参数要求，最终影响了基酒质量。因此，茅台一直坚持着人工制曲、人工制酒。

茅台对传统的坚守，是对茅台味道的坚守。如果茅台传统酿造工艺改变，茅台酒就变味了。莫言在题为《守旧与创新》的演讲中谈到，"我们怀念古老的味道，比如说老祖母煮的鸡蛋味道，母亲蒸的馒头味道"，㊀这是因为平凡可见的事物正在悄悄变化，想尝到旧时的味道反而成了奢求。然而茅台的工艺和操作未曾改变，也因此保有最初的味道，如今的茅台酒与巴拿马展会上的茅台酒一脉相承。再过10年、30年、100年，人们喝到的茅台酒，和现在的酒也是一个味道。茅台的坚守保证了茅台酒不变味，它在过去、现在和未来一样香。

㊀ 摘自王子谦的《莫言谈创新与守旧：创新非万能 一些领域需复古意识》。

在茅台传统酿造工艺中，酿酒车间刚出产的新酒并不能直接勾兑，需要进行长达三年的贮存，而勾兑好的酒也不能直接出厂销售，需要再进行一年的贮存。贮存让茅台酒自然老熟，酒的辛辣味及杂味逐渐消失或减轻，变得柔顺、醇和，香味协调，出现陈酒的独特风味。一瓶茅台酒至少需要五年时间才能进入销售渠道。

茅台曾实验模拟茅台酒的自然老熟过程，虽取得了一定效果，但人工老熟的酒始终不如自然老熟的酒那么醇美，只得放弃人工老熟办法，坚持传统酿造工艺，把茅台酒交给时间，让岁月酿制美好。

正如莫言访问茅台后所说："酒看起来是人酿造的，但其实是大自然酿造的，是天造地设的。茅台最大的优势，就是它一切的传统工艺都按照老祖宗定下的规矩来做，不会因为茅台酒的畅销而盲目扩产、偷工减料。"

在重重困难中，茅台始终坚守传统酿造工艺。也正是这种对传统的尊重与敬畏，铸就了茅台卓越的品质，让茅台得以长盛不衰，赢得老百姓的口碑，而这也是茅台工匠力的特质之一。

以人的传承为核心

茅台酒酿造工艺能够传承至今，离不开家族、师徒的世代传承。最初，技术的发现具有偶然性。人们在生产生活中偶然发现某种技术，这使得技术获得具有神秘性。在科学技术尚不发达的时期，一对一的师徒教授、家族传世为主要传承方式，而且内容以实践经验为主，需要靠悟性，讲求"口传心授""心领神会"，尚未达到科学理论的高度。这样的传承方式具有单一性、稳定性，徒弟能够较为完整地传承师傅的技艺本领，但无法进行大规模、系统性传承。如果工匠后继无人，技艺就面临失传的风险。而茅台酒酿造工艺的成功传承就在于，在传统师带徒的经验教授基础上，对工艺技术进行规律总结，提炼成科学理论和知识体系，让大规模传授成为可能，规避了失传的风险。

茅台师徒之间，是对茅台酿造工艺的传承，是酿酒之道的接续。每一位茅台人心中都有传承和保护传统工艺的责任感，他们将守护工艺质量作为信仰，不允许包括自己在内的任何人破坏工艺。在茅台，常能听到工人们说："这是祖先留下来的，我们要完整地传给后人，不能让工艺毁在我们这一代人手里。"

在建厂前，茅台传统酿造工艺作为中国传统手工艺的一种，一直延续着以血缘关系为纽带的父传子的传承方式，同时师徒传承与父子传承并行。为了让茅台传统酿造工艺能长久延续，建厂后，师徒传承发展为茅台传统酿造工艺传承的主要方式。茅台在企业内部开展"师带徒"活动，让师傅和徒弟在一教一学中领悟茅台真谛，明白茅台的酿酒之道。

尊师重道是中国自古以来的传统。古人遵循"天地君亲师"伦理观，将传道授业解惑的师父当作天地、父母般尊敬。从徒弟的角度看，父母生养了自己，而师傅教授自己谋生的技

能，师傅是与父母同等重要的存在。从师傅的角度看，徒弟跟自己虽然没有血缘关系，却沿袭了自己的"道"，使自己的理念和事业不至于失传，与自己不是父子却胜似父子。

在茅台一代又一代的传承中，前辈给后来者留下了许多记忆，有当过兵的茅台人讲述炮火轰鸣的战场故事，有祖辈三代对茅台发展变化的见证，还有烧房后人对先辈遗志的继承。

在已经退休的茅台首席酿造师严刚心里，自己在茅台酒厂的成就，是老班长生命的延续。进入茅台酒厂工作之前，他曾在战场保家卫国。当炮火落在身边，他经验不足不知如何躲开时，是他的老班长一把推开他，救了他一命。但老班长却因此失去了自己的生命。

退伍后进了茅台酒厂工作，劳动强度很大，严刚却从不叫苦叫累。他认为即便再苦再累，也要干好每一天的工作，不能因为苦因为累就糊弄。对他来说，好好工作，干出点成就来才能感到很充实；干不好，就对不起拉了自己一把的班长。后来，严刚通过自身努力，成了茅台的首席酿造师，老班长的生命，在他的身上得到了另一种延续。

对于"茅三代"而言，茅台是家，祖孙父子都为茅台工作，是对家的传承。茅台制酒十七车间的工作人员李萍是个名副其实的"茅三代"，她的祖父曾为茅台工作，她的父亲也在茅台任职。从小，她就常听长辈说起茅台，说起肩挑背扛、背糟挑水的艰苦创业时期，说起他们如何酿酒、茅台如何帮助他们安身立命。受长辈影响，她对茅台有很深的归属感，一毕业也进入茅台工作。

李萍还记得，在祖父讲述的故事中，她现在调任的十七车间，原本是一片荒地；她也还记得，自己小时候到茅台酒厂找父亲时，酒厂对面是荒山野岭，如今已经满是茅台员工亲手植下的树，蓊蓊郁郁。时间飞快，在三代人之间传承的，是对茅台发展之路的记忆，也是对茅台变化的见证。

茅台的传承对制酒十六车间的酒师周胜然而言更显得充满戏剧性。1929年，贵阳人周秉衡在茅台镇开办了衡昌烧房，修有17个大窖。后来衡昌烧房因为年产量低，难以维系，周秉衡只好与赖永初合建大兴实业公司，将衡昌烧房算作资本。但此举并未挽救衡昌烧房的颓势，不久周秉衡就因债务将衡昌烧房卖给了赖永初。由此，周秉衡的衡昌烧房更名为赖永初的恒兴烧房，也就是后来"三茅合一"中的赖茅。

周秉衡就是周胜然的先辈。茅台建厂后，周家人陆陆续续进入茅台酒厂工作。周胜然的父亲也曾在茅台酒厂工作，但由于当年茅台的境况不好，一度发不起员工工资，他为了养家糊口，只能放弃酿酒，离开茅台。至今，周胜然的父亲还在为自己当初的离开感到遗憾。

周胜然已在茅台制酒20年，他一直十分庆幸自己能通过社招进入茅台，格外珍惜这份工作，也很感激茅台。做一名制酒工人前，他开过出租车，也打过零工，始终觉得不合自己的心

意。加入茅台后，他切切实实地感受到生活品质日渐提高，不再担心家人的生活开销，少有拆东墙补西墙的窘迫境况，休假的时候还可以带上家人自驾旅游。这是周家先祖命运的反转，也是茅台数代不衰的原因。

周胜然希望自己的孩子未来也能加入茅台，为茅台工作。他认为茅台酒养活了他们好几辈人，如果没有茅台酒厂，就不会有现在的新生活。他希望自己的孩子能继承茅台传统酿造工艺，把茅台酒传承下去，把茅台精神传承下去。

茅台人对茅台有着极为深厚的感情，他们或是生于茅台、长于茅台，或是听着茅台的故事长大。他们从茅台获得生活所需，在茅台成家立业、生儿育女。茅台是他们的家，是他们的传家宝。茅台建厂至今发生了太多太多的故事，但任何一个茅台人口中的旧事都不平凡。透过这些故事，我们仿佛能看到先辈们为发展茅台所做的一切努力，他们的手艺、他们的情感记忆历历在目。茅台的工艺、关于茅台的记忆、对茅台的热爱，就这样一代又一代地传承下去，绵延不绝。

彰显大国工匠力

茅台自身的命运与国家的发展息息相关，茅台工匠力是中国工匠力的重要组成部分，是中国工匠力的缩影。透过茅台工匠力的发展，可以看到中国工匠力的发展历程。

当今中国社会在呼唤工匠精神，这是因为中国的消费者对生活品质有了更高的要求，他们乐于为高品质产品付费。

高品质产品的兴衰与社会发展状况是正相关的，当社会环境安定、社会结构稳定时，生存需求获得满足的人们才有条件去追求产品的质量，产生对高品质产品的需求。

当前中国社会对工匠精神的呼唤正是时代的要求：中国已经步入高质量发展阶段。

1956年，中国生产力还在缓慢恢复中，物资匮乏、人才奇缺、工业基础薄弱，轻工业和重工业发展较缓。

那么，该如何发展生产力？用中国最有价值的东西去换

物资。

从1953年至1957年，政府先后给茅台投资149.7万元用以扩充厂房、改善设备、扩大生产。先生产茅台酒，再用茅台酒换外汇，当时一吨茅台酒可以换回40吨钢材，32吨汽油，700辆自行车，24吨肥田粉……茅台工匠劳作时流下的汗水，没有一滴是白费的，茅台为振兴国民经济、发展生产力作出了巨大的贡献。

1981年，中国面临的问题是人民的物质文化需要日益增长，社会生产却相对落后，于是开启了以经济建设为中心的社会主义现代化建设。

过去，中国技术水平较为落后、生产力不足，无法生产出足够多的优质产品，不得不牺牲质量换取数量，尽可能满足更多人的需求。所以，在那个年代，劣质产品有其生存的空间。在需求远远大于供给的时候，消费者容易失去主导地位，选择的空间被大大限制了。能买到东西就很不容易了，哪里还能对质量有所要求呢？

此时的茅台显得非常特立独行。它始终坚持着以质量求生存的理念，绝不生产次品。此时茅台就已明白，质量才是茅台的价值所在。于是茅台的工匠们默默地坚守在大山深处，一年一个生产周期，在每一道工序上做到极致，为酿出世界最好的白酒而努力着。

茅台工匠们等到了属于他们的春天。

改革开放加快了中国社会发展的进程，中国社会生产力水平显著提高。2010年，中国国内生产总值排名世界第二，仅次于美国。[一]中国制造业增加值自此连续多年位居世界第一。中国有了世界领先的高铁和轨道交通技术、船舶制造技术、移动支付技术……中国的工业体系行业齐全，农业生产能力稳定，原油等工业品和棉花、大豆、菜籽油等农产品的产量位居世界前列。一些产业甚至出现了产能过剩的情况。

中国早已告别那个"买肉需要肉票、买粮需要粮票"的时代，落后的社会生产已成为过去时。

现在，中国经济发展由高速增长转变为高质量发展。

中国人口众多，市场庞大，赢得中国市场大概率就能站在世界品牌的前列，但对中国企业而言这并非一件简单的事情。

改革开放后，国外品牌进入中国市场。对于中国企业来说，竞争变得越来越激烈，过去凭借生产规模赢得市场的方式已经无法适应时代的变化。

当供给大于需求的时候，消费者占据了主导权，有了挑选的余地。在同等价格的情况下，消费者会选择最优质的产品。企业如果想在激烈的竞争环境中获胜，需要寻找新的突破点，精益求精、不断创新。只有让自己的产品有着与世界顶尖产品媲美的品质，中国企业才能与世界顶级企业抗衡，赢得消费

[一] 余芳东.我国经济的国际地位和发展差距[J]调研世界，2011（03）.

者。为此，企业需要培养手艺精湛，具有认真、敬业、执着、创新等特质的工匠。

茅台是中国知名品牌，代表着中国高水准酿造工艺。如今，茅台凭借高质量的茅台酒走出中国，走向世界。说起茅台酒，人们就会想到，那是来自中国的好酒。茅台形象影响着中国形象，在赤水河畔专注酿酒、精益求精的茅台工匠也成了中国工匠的代表，茅台的工匠精神体现着中国工匠精神。

现在，真正到了茅台标语所说的"爱我茅台，为国争光"的时候了。茅台不断推出"茅台工匠奖""金牌班（组）长"等一系列致力于培养工匠的评选活动，开展技术职务评聘，为培育一支始终坚守匠心的优秀工匠队伍而努力。

02

工：精工细酿、极致之工

茅台酒是如何酿成的？它的口味为何如此丰富？又为何如此神秘？追溯其酿造工艺的发展史，探究工艺背后的原理，终于得出答案：茅台工匠是精工细酿、极致之工。

工匠们日复一日地操作，严格遵守规范，聚焦点滴细节，并不断探索规律、创新技术，使得技艺纯熟，达到炉火纯青的境界，这便是极致之工。

茅台之工在于酿酒工人的每个弯腰起身的动作中，也在于质量检测的每一个指标中，看似简单，其实复杂。其核心在于对技艺的持续追求，在坚守的同时不断创新优化，既保持系统稳定，又加入新鲜的思想，带来好的变化。

传承古人的酿造工艺

枸酱酿造法

最初的酒来自偶然。成熟的水果堆积在一起，产生了令人着迷的香气与液体。人们发现，喝了这种液体后会感到愉快。为了再次得到这种愉悦感，人们通过模拟这种液体产生的环境，开始了最早的酿酒之路。

贵州茅台酒出产于中国贵州省仁怀市茅台镇，当地酿酒历史悠久。仁怀市郊曾出土过40余件文物和标本，其中包括商周时期的陶制酒具，[一]证明早在商周时期，仁怀这片土地上的人们便已经开始饮用酒。仁怀市合马镇西汉土坑墓群出土的铺首衔环酒壶等专用酒具，则证明西汉时期仁怀境内已经存在具有一

[一] 中国贵州茅台酒厂有限责任公司.中国贵州茅台酒厂有限责任公司志[M]. 方志出版社，2011：81.

定规模的酿酒生产活动。㊀

千余年前的古人喝的是什么酒,这些酒是什么味道的,又是如何酿造出来的?我们还没有找出答案。但这些尘封了千年的酒具重新现世,已是在告诉我们,茅台所在的仁怀自古以来就是个出产美酒的好地方。

关于仁怀酿酒的最早文字记载也同样出现在西汉时期。根据西汉史官司马迁《史记》记载,西汉使臣唐蒙在遥远的南越发现了来自夜郎的枸酱,由此找到了通往西南地区的道路,引发了汉武帝开发西南地区的热潮,也将当地的枸酱带到了世人眼前。夜郎包括了如今的贵州省仁怀地区。

枸酱是仁怀地区有文字记载的最早的"酒"。枸,也称拐枣,李科,落叶乔木,果实成熟时呈肉质,红棕色,可供食用,味道甜美。据《说文解字》中对"酱"的释义,酱是一种类似于酒的食物,经陈贮后便成为酒。枸酱即用拐枣酿造的酒。

《蜀枸酱入番禺考》记述了枸酱的酿法,将拐枣捏碎后滤渣去籽,剩余拐枣汁存入瓮中。瓮口蒙上布后,用泥封口,发酵贮存。其中的水分从泥封处溢出后,发酵后的拐枣汁会逐渐变得浓稠,味道十分甜美。经过长时间的陈贮,就成了枸酱。随着贮藏时间的增加,枸酱的味道会更醇美。

这种酿造方式历经岁月变迁、朝代更替,仍倔强地保留了

㊀ 中国贵州茅台酒厂有限责任公司.中国贵州茅台酒厂有限责任公司志[M].方志出版社,2011:82.

下来。酿出枸酱的那群人，他们的后代在千百年后依旧沿袭先祖的方法酿酒。他们会在重阳时节采摘拐枣，并掺杂粮食一起制作成酱，然后装坛密封，静静等待发酵的力量将之变成甜美的酒浆，在来年喜悦的时刻与亲朋好友共享。

枸酱并非后世的液态白酒，而是一种经过发酵形成的含有酒精的饮品。唐蒙能在南越喝到来自仁怀的枸酱，证明这种酒已经能规模化生产。

汉武帝开发西南夷，贵州地区得以开发，当地农耕水平逐渐跟上中原地区的脚步，经济发展进入新的阶段。据史料记载，贵州当地农业已经相当发达，一年两熟带来了更多的粮食，让人们在饱腹之外能有粮食去酿酒，让酿酒、饮酒的风气盛行。枸酱也更多地向以粮食为原料的酒转变。

唐宋以来，酒成为民间生活所需之物，酿酒也已普及各地。唐朝时，居住在贵州的"东谢蛮"缔结婚姻之时，需"以牛酒为聘"。唐宋以来贵州地区深受百姓喜爱的"钩藤酒"，即咂酒，一直流行至清，又有"竿儿酒""重阳酒"之名。⊖

咂酒的名字源于其饮用方式。在新人缔结婚姻或有重大节庆时，全寨子里的人聚集在一起，围着广场或者庭院中的酒缸，分别用竹管、芦管或者细藤吸咂酒缸中的酒。一边喝，一

⊖ 中国贵州茅台酒厂有限责任公司.中国贵州茅台酒厂有限责任公司[M]方志出版社，2011：83.
陈泽明.龚勇.贵州酒典[M].中国商务出版社，2014：91.

边加水搅拌，直到酒味消耗殆尽。

咂酒是一种杂粮酒，酿造时加入米、麦、高粱、毛稗、稻谷等各种粮食。唐朝时，贵州地区的农民通常会种植不同品种的粮食以抵御风险，这使得剩余的粮食品种极为丰富。咂酒的酿造方式与今天的醪糟相似，粮食蒸熟后放置在陶瓮中，加入麦曲密封发酵一段时间，就能得到一瓮含有酒精的汁滓混合物。

唐朝时大部分的酒都和咂酒一样汁滓混合。"吴姬压酒劝客尝"中的"压酒"即"压糟取酒"，滤去汁滓混合物中的酒渣，剩余的就是酒水。未滤干净的酒渣就被称为"绿蚁"。

粮食越来越多后，就出现了纯粮酒。蒸馏取酒技术的产生则为人们带来了蒸馏酒。与汁滓混合的咂酒相比，蒸馏酒无色透明，度数更高。

蒸馏取酒技术

蒸馏工艺是固液分离的技术，即从含有酒精的酒醅中分离出酒。在发酵过程中，原料中的淀粉会转化为糖，糖再转化为酒精。但当酒醅中的酒精浓度超过20%时，转化过程会停止，不再产生更多的酒精。

为取得酒精含量更高的酒，人们会利用酒液中不同物质沸点不同的原理，用蒸馏器将酒醅中易挥发的酒精蒸馏出来。受热蒸腾的酒汽经过冷凝、收集，得到见火能燃烧的酒，这种酒也被称为烧酒、火酒。

  茅台酒是典型的蒸馏酒。走进茅台制酒车间，能看到数个高约0.9米的巨大不锈钢甑桶，每个甑桶容量约750升。这便是茅台用来蒸馏制酒的蒸馏器。甑桶上边比下边略大一圈，用于装入酒醅蒸酒，原理跟蒸馒头的蒸笼有些相似。桶底部呈网状，可以接入蒸汽蒸煮酒醅。每个甑桶配有一只甑盖，内含冷凝器，会加入冷水将蒸煮酒醅形成的酒精蒸汽冷凝成酒。甑盖也被称为"天锅"。

  酒甑旁堆积着小山一样的酒醅，两名工人站在酒醅和酒甑之间，正忙着上甑。这是蒸馏制酒中非常重要的一环。只见一名工人拿着耙梳将酒醅拉松，另一名工人稳稳端着一只装满酒醅的竹编筬箕站在酒甑旁。甑中酒醅缓慢冒出一缕缕白汽，工人轻轻抖动手腕，酒醅便如春雨般撒落，细细地盖住了白汽。

  茅台酒属于固态蒸馏，一年两次投料，称为下沙、造沙。下沙是指在重阳节时，将新收获的红缨子高粱破碎后用热水润湿，加入母糟，放入酒甑中蒸熟，同时蒸酒。每年六轮次酒发酵出的酒醅都会预留一部分不经蒸酒，被称作母糟。蒸过后的酒醅下甑冷却，加入尾酒、大曲堆积发酵，再加入尾酒入窖发酵。

  下沙一个月后，取出窖内酒醅，与造沙时经过粉碎、润粮的红缨子高粱混合后上甑蒸煮。蒸馏出来的酒称为"生沙酒"。生沙酒的酒头部分留出用于勾兑，酒尾全部泼回酒醅中，再次

摊晾，加入尾酒、大曲堆积发酵，再加入尾酒入窖发酵。

经过下沙、造沙两个轮次的发酵后，酒醅中的淀粉和糖分会逐步转化为酒液。大约农历冬月，立春之时，茅台开始了七个轮次的蒸馏取酒。开窖取醅，加入谷壳使酒醅疏松不黏，而后蒸酒。蒸馏后取得的酒称为一轮次酒，取出一轮次酒后重复六次摊晾拌曲、堆积发酵、入窖发酵、开窖取醅、蒸馏的过程，分别得到二至七轮次酒。取出七轮次酒后，酒醅中的精华大部分消耗完毕，不再蒸馏取酒。下沙、造沙两次蒸煮再加上七个轮次的蒸煮，总共要经过九次蒸煮。

茅台蒸酒时要求缓汽蒸酒，量质摘酒，至今仍保留着看酒花判断酒的度数和分段摘酒的传统工艺。

蒸馏时，不同时间段蒸馏出来的酒质量不同，因而茅台蒸酒要求量质摘酒，分段取酒。可以通过看酒花，也就是蒸馏或摇晃时在酒表面形成的泡沫判断酒度、酒质，从而决定馏出物的取舍，进行分段取酒。茅台酒的接酒浓度一般为52%～56%，取得的酒分别存放，不同轮次的酒同样分别存放，勾兑时便要调和这些味道不同的酒。

茅台的工艺要求高温取酒，接酒温度在40℃以上，其他白酒只要求25℃。高温取酒保留了高沸点的呈香呈味成分，保证了茅台酒浓郁的酱香味。

贵州地区蒸馏取酒古已有之。

贵州普安青山镇铜鼓山出土了战国时期的圆底小陶杯、微型青铜杯，清镇牙珑坝秦汉墓葬出土了各式陶质与青铜酒具。这些微型酒具的出土，证明早在战国至秦汉时期，贵州的酒已经有了很高的酒精浓度。

贵州清镇汉墓出土了一件漆耳杯，经测试后得知，其容量为370毫升，即7.4市两。紧邻清镇的平坝马场六朝墓中，出土了一件青瓷小酒杯，这个小酒杯的容量比清镇汉墓出土的漆耳杯小得多，仅为45毫升，即0.9市两。㊀

对比贵州出土的西汉末年漆耳杯与六朝墓小酒杯可以发现，从西汉末年到六朝这数百年时光中，同一地区的酒器容量发生了很大的变化，酒杯的容量突然缩小至原来的1/8。这从侧面表明，六朝时期，随着饮料酒的酒精浓度的提高，人们相应地减少了饮酒量。而在酿造工艺中，要提高酒精的度数，最好的办法是使用蒸馏法。由此或许能推测，六朝时期贵州地区就已经出现了蒸馏法。

贵州地区最早生产蒸馏酒的文字记载，或许出自贵州少数民族彝族文献《西南彝志》，其中卷九《继续序德施氏的本源》，描述了晋代时彝族的造酒师宜伦采摘各种花草药物，制成"烧酒和甜酒"的过程。卷十五《论宏伟的九重宫殿》记载了隋末唐初时，彝族先民为了庆祝九重宫殿的建成，从南方运来大米，经过蒸煮后酿成米酒的事迹。其中有对蒸馏白酒工艺流程

㊀ 黔酒宝典编纂委员会.黔酒宝典[M].新华出版社，2014：12.

中出酒现象的生动描述:"如露水下降"。

贵州地区的蒸馏酒技术在宋朝时期有了明显发展。

贵州桐梓县夜郎坝出土了一面宋代夫妻对饮石刻,习水县程寨乡出土了刻有伺饮图的宋代墓壁石龛。夫妻对饮石刻和伺饮图中的酒壶与酒杯均与现代酒具完全一致。由此,我们可以猜想,或许墓主人生前饮用的,并非唖酒一类"糟汁同贮"的酒,而是经过蒸馏的高度白酒。

据北宋时期张能臣撰写的《酒名记》记载,磁州(今习水县土城镇)出产"风曲法酒",又称"法酒"。风曲法酒是以蒸馏技术生产的大曲白酒,以麦曲酿造,而后用器具蒸煮酒液而得。因酒极为浓烈,不含杂质,清澈如水,被称为"露酒",能密封贮藏数年而不坏。风曲法酒也被称为"官法酒",达到了公认质量标准。

南宋时期,朝廷在播州(今遵义)等地开展茶马交易,石粉栅(今茅台镇一带)成为重要的交通枢纽,贸易和酿酒业兴旺发达。到了明朝,白酒产量提高,白酒生产趋向商品化,人们的饮酒习惯由低度酒转向高度酒,由此茅台地区出现了专门从事制酒的行当——酒作坊。酒作坊的生产专一化,从业者有条件专心致志地研究酿造工艺,从而促进了酿酒技术的加速发展。约成书于明弘治年间(1488—1505年)的《居家必备》,记载了采用陶甏蒸馏器蒸酒的南番烧酒法,用陶甏对味道不正的酒进行蒸馏,能得到清澈如水、味道醇厚的好酒。

明万历年间，蒸馏酒的工具已从陶甑发展为甑，成书于此时李时珍的《本草纲目》就记载了入甑蒸煮的烧酒。仁怀、习水、铜仁、遵义等地的偏僻山区至今仍能搜寻到形制属于明、清时期的桶型白酒蒸馏木甑。与陶甑蒸馏器相比，木甑可以直接用糖化发酵的酒醅蒸馏出酒，一天的产量可达几十至几百斤。今天茅台酒大体保留了明清时期的蒸馏工艺。

茅台回沙工艺定型

茅台镇的四月，草长莺飞，嗅一下空气都有酒香。

经过一、二轮次的蓄力，酒醅被茅台的制酒工人一筅一筅地撒进甑内，不锈钢的甑盖与甑碰撞过后，最激动人心的"大回酒"就从牛尾处潺潺流出。"大回酒"，即茅台酒酿造第三、四、五轮次酒的总称，出酒量几乎占全年基酒产量的60%以上，因为它集中了酱香典型体，这让所有人的目光都聚集在它身上。

茅台"大回酒"是古已有之，还是某代酿酒匠人在这一块福地的创新之举？在回答这个问题前，我们先来了解一下茅台独特的回沙工艺。

酱香酒的酿造工艺多样，根据糖化发酵剂、原料、发酵时间、取酒方式等的不同分为大曲坤沙酿造工艺、麸曲酱香酿造工艺、碎沙酱香酿造工艺、回沙酱香酿造工艺与串蒸酱香酿造工艺五种。

大曲坤沙酿造工艺是酱香酒酿造的基础工艺，以大曲为糖化发酵剂，原料为坤沙，即破碎后的高粱，历经多次发酵蒸煮，形成酸、甜、苦、辣、涩、焦、酱七种味道。

麸曲酱香酿造工艺以麸曲作为糖化发酵剂，发酵时间通常为二三十天。碎沙酱香酿造工艺以多种曲饼、干酵母和酶制剂等作为糖化发酵剂，将其与碎沙，即处理后的粉碎原料拌匀，一同入容发酵。麸曲酱香酿造工艺和碎沙酱香酿造工艺都是发酵二三十天，酒醅糖化完成后蒸馏取酒，一次性取完，具有发酵时间短而出酒率高、贮存期短的特点。

回沙酱香酿造工艺是在大曲坤沙酿造工艺完成前六次或七次取酒后，再次加入粉碎原料发酵蒸馏取酒。串蒸酱香酿造工艺以大曲坤沙和麸曲酱香酿造后的糟醅、食用酒精、香料等为原料，一同蒸馏得酒。

茅台属于大曲坤沙，它的回沙工艺自有一番做法。"沙"指茅台镇周边出产的小粒糯高粱，因细小而色红又名"红缨子"或"红粮"。茅台酒的酿造周期长达一年，在重阳节第一次投料，称为"下沙"；重阳节后一个月第二次投料，称为"造沙"，此后便不再添加任何原料。

造沙时，分次取出经历初次发酵成熟的酒醅，与经过预处理的高粱拌和，经制酒车间工人上甑、蒸粮，得到生沙酒，再将其泼回造沙酒醅，加曲拌匀后堆积发酵，继而入窖发酵，"回沙"工艺的开端就在这里。尽管只投料两次，但这两次投入的高粱要经历九次蒸煮,八次摊晾与七次取酒的循环利用,才算修成正果。

"回沙"工艺能得到七种风味各异的轮次酒,保证了后期勾兑茅台的无限可能。第二轮次酒被称为"回沙酒"。与第一轮次造沙酒相比,回沙酒香气更浓,虽略有涩味但已见醇和风味。第二轮次后的"大回酒",则酒质香浓,味醇厚,酒体较丰满,无邪杂味,被赞为"黄金轮次酒"。

第六轮次酒被称为"小回酒",酒质醇和,糊香好,味长;第七轮次酒为"枯糟酒""追糟酒",酒质醇和,有糊香,但微苦、糟味较浓。

每轮酒醅都会在入窖发酵前泼上本轮次的尾酒,一轮次酒泼的尾酒数量最大,其后每一轮次逐步减少尾酒的用量,每窖至少泼尾酒15千克。这也被称为"以酒养糟",是茅台酒酱香的来源之一。

"回沙"工艺是茅台酒酿造中不可省略也不可增加步骤的一项操作,因它才有各轮次风味各异的基酒。茅台酒的酿造历史不短,"回沙"工艺的发明时间则更早。是谁发现高粱可以反复蒸煮,又是在怎样的机缘巧合下,诞生了回沙工艺?

在茅台镇的酿酒历史中反复探寻,距今四百余年的播州之役解答了这一疑惑。

距今七百多年前的元代中期,茅台村横空出世,又称"茅

村"。当时此地的酿酒业已小有名气,茅台村以高粱为原料酿造的"风曲法酒"闻名一时,仁怀烧酒甚至经播州军民宣抚使杨汉英之手,献给忽必烈。他因此得了不少封地赏赐,成为贵州最大的土司之一。播州土司杨氏自元代以来世代在此任职,根基深厚。

这时的烧酒尚且属于早期蒸馏酒的一种,往往在发酵之后被一次取酒,而酒糟则用作他处,不见"回沙"踪影。酿酒匠人开始反复蒸煮高粱取酒,源自一场战事。

明万历二十四年(1596年),时任播州土司的杨应龙与明朝政府关系恶化,公开反叛,挑起战端。金戈挥舞,马蹄阵阵,河谷深处的云鼓镇(茅台村又名云鼓镇)百姓仓皇逃窜,地里未来得及收割的高粱被践踏一空。尽管这场战事持续了不到一年,但云鼓镇的农业生产遭受损失,高粱产量急剧下降,一向繁荣的酿酒业进入寒冬,原料告急。

战时也要养家糊口。一位酿酒匠人看着比往日少大半的酿酒原料,别无他法,只好琢磨着:如果将高粱多蒸煮几次,会如何?

几个白天黑夜过去,这位酿酒匠人的实验也终于告一段落。他发现当地所产高粱即便经过多次蒸煮,依然酒味浓郁,且各有风味。这是在战乱中想出的救急之法,也是在穷困逼迫下的最好选择。

推广之后,云鼓镇的酒坊都开始采取多轮次造沙发酵出酒,产生了"回沙"工艺。这一方法不仅增加了酒的产量,还令酒的品类多出几样。"回沙"工艺至此初步成型，南宋时便颇具盛名的"风曲法酒"也由此演变为"回沙茅台"。

经过一代代茅台酒师的精进，"回沙"工艺在清朝初年定型，形成以大曲为糖化发酵剂，坤沙为原料，一年一个生产周期，历经端午踩曲，重阳下沙，回沙，九蒸八窖七取酒，三年以上陈酿，以酒勾酒等一整套相对完整的工艺流程，酿出的美酒以"茅春""茅台烧春""回沙茅台"为名，享誉西南，远销全国。

据《续遵义府志》载："茅台酒，前志出仁怀县西茅台村，黔省称第一，《近泉居杂录》制法，纯用高粱作沙，煮熟和小麦面三分纳酿地窖中，经月而出蒸烤之，既烤而复酿，必经数四然后成。初曰生沙，三四轮曰燧沙，六七轮曰大回沙，以次概曰小回沙，终乃得酒可饮，其品之醇、气之香，乃百经自俱，非假曲与香料而成，造法不易，他处艰于仿制，故独以茅台称也……"

在清朝时贵州就已经是知名的美酒产区，有着多种白酒酿造工艺，出产了夹酒、女酒、窖酒、蓼花酒、刺梨酒等一系列别具特色的酒。曾在贵州为官的淮安人李宗昉在其著作《黔记》中记载了诸多美酒的特色，如：咂酒以竹管吸食，饮用方式别具地方特色；夹酒结合了低度黄酒和高度烧酒的酿造方式，兼具黄酒的香美与烧酒的醇厚；经由"茅春"勾兑、贮藏而得的"茅台烧春"口感清冽，品质上佳。

由此可知，不仅茅台"回沙"工艺在清朝定型，且以酒勾酒的方法已经出现，"茅台烧春"即例证。

纯粮蒸煮、烤而复酿

作为中国传统特产酒，茅台酒与苏格兰威士忌、法国科涅克白兰地并列世界三大蒸馏名酒。茅台酒的酿造历史悠久，其独特的风味与酿造技艺无一不是岁月的沉淀。

使用谷物酿造后，蒸馏取酒技术得以大展拳脚；当原料不足，生活还得维持时，"回沙"工艺诞生……一瓶茅台酒，且不论在生产线上努力的人有多少，追溯历史，它的酿造工艺就不知凝聚了多少先人的心血。

茅台酒的酿造工艺一直在应时而变，可成百上千年来，酿酒匠人的初心——"纯粮蒸煮、烤而复酿"始终未改。

现在茅台镇最热闹的地方是赤水河两岸街道，可在人声鼎沸与烟火气之外，还有一条相对静谧的杨柳湾街。"酒出茅台镇，香起杨柳湾"不假，康熙四十三年（1704年），茅台村杨柳湾的酿酒作坊继承先人智慧，又参考了各种酿酒工艺，采用本地的红缨子高粱与奔流的赤水河之水取得佳酿。因为酿出的酒幽雅细腻、回味悠长，有别于他处，便袭地得名"茅台"。

几十年后，赤水河道开通，茅台成为川盐入黔的四大口岸之一，汇聚了大量盐商，被称为"仁岸"。运销川盐的陕西商船在卸下从四川运来的盐巴后，装上茅台当地的美酒，运往全国各地销售。目前可查最早的有字号的酿酒作坊，是三百梯出土"路碑"中记载的"茅台偈盛酒号"，乾隆四十九年（1784年）就已经在经营。后来至嘉庆年间又有"大和烧房"，道光年间已有不下数十家酿制茅台酒的烧房。㊀

商业的繁荣促进了茅台当地人口的增长和经济的发展，人们对茅台酒的需求增加，刺激了当地酿酒业的兴盛与酿酒技术的发展。茅台酒香已经飘远，"黔省第一"的名号实至名归。

春去秋来，茅台的酿酒业始终坚持与农业生产相结合，顺应天时，采用季节性的生产方法。端午踩曲，重阳下沙，几百年来，茅台当地的人们一直坚持着这种原始生活轨迹。在非农忙的日子，酿酒作坊的工人聚到一处，挥洒汗水，将红色的高粱反复蒸煮，使它们化为澄明芳香的茅台酒。

道光年间学者张国华曾作《竹枝词·茅台村》："一座茅台旧有村，糟邱无数结为邻。使君休怨曲生醉，利锁名缰更醉人。于今酒好在茅台，滇黔川湘客到来。贩去千里市上卖，谁不称奇亦罕哉。"该诗记录了当时茅台酿酒烧房众多，云、贵、川诸省客商竞相购买茅台酒销往外地的盛况，可见当时茅台就已颇具知名度。

当时享有盛名的茅台酒与现在尚有差别，但基本酿造工艺

㊀ 中国贵州茅台酒厂有限责任公司.中国贵州茅台酒厂有限责任公司志[M].方志出版社，2011：85.

相差无几。清朝诗人郑珍曾到仁怀直隶厅做客，称赞"酒冠黔人国"，说明当时的茅台酒已经在贵州美酒中名列前茅。这样的荣誉来之不易，据道光《遵义府志》记载："茅台酒，《田居蚕室录》仁怀城西茅台村制酒，黔省称第一，其料纯用高粱者上，用杂粮者次之，制法：煮料和曲即纳地窖中，弥月出窖烤之，其曲用小麦，谓之白水曲，黔人又通称大曲酒，一曰'茅台烧'。仁怀地瘠民贫，茅台烧房不下二十家，所费山粮不下二万石，青黄不接之时，米价昂贵，民困于食，职此故也。"

仁怀酿酒匠人始终秉承祖训，坚持选用红缨子高粱为原料，纯粮蒸煮、烤而复酿。在历史与地理的双重选择下，茅台酒的酿造人员在青黄不接时供职烧房，将自己与烧房的生存一并挑在肩上，坚守不变的酿造原则，使茅台酒得以传承至今。

花开之时多风雨，茅台酒声名鹊起没多久，就遭遇波折。

咸丰年间，黔北杨龙喜领导农民起义，战火殃及茅台，村寨被夷为平地，兴盛的多家烧房毁于一旦，再想一品茅台酒，不知要等多少年。

烧房不在，可精通茅台酒酿造技艺的人仍世代生活在这里，只要他们齐聚一堂，便可再话茅台醇香。遵义人华联辉坐拥永隆裕盐号，他为人孝顺，因祖母对茅台酒念念不忘，便派人去茅台寻酒，只找到一片荒芜。他决心为祖母再酿茅台酒，于同治元年（1862年）建立成裕烧房，后又更名为成义烧房（华茅）。

光绪五年（1879年），仁怀大地主石荣霄（又名王荣）、习水商人孙全太、天和盐号老板王立夫合伙开设烧房，起名为荣太和烧房，即后来的荣和烧房（王茅）。

失落的茅台酒再次复兴。

光绪年间，清廷再次疏通赤水河道，茅台的美酒顺着河道销往全国各地，茅台酿酒业再次兴盛。1915年，巴拿马万国博览会上，茅台酒获得金奖，走向世界，茅台酒的行情看涨。1941年，贵阳商号赖兴隆的主人赖永初看好茅台酒的发展，兼并贵阳人周秉衡建于1929年的衡昌烧房，创办恒兴烧房（赖茅）。

自此三茅并驾齐驱，开启了属于茅台酒的时代。

1935年，一路艰难跋涉的红军经过茅台镇。当地百姓为了慰问红军，拿出茅台酒送给他们，可红军哪里舍得享用美酒，只是将其作为药品消毒疗伤。1949年，在北京饭店举行开国第一宴时，茅台酒成为中国的国事酒、外交酒、庆功酒。

1951年，贵州省专卖事业公司仁怀茅台酒厂（简称茅台酒厂）成立。不久，"三茅合一"的时刻来了，成义烧房（华茅）、荣和（王茅）、恒兴烧房（赖茅）三家私营酿酒作坊合为一体。

"茅台酒"这三个字从那时起，不仅是贵州的特产酒，还具有能代表中国白酒与世界好酒角逐的资格。有人提出，茅台酒的酿造工艺已经如此明晰，若是离开茅台镇，从酒厂调拨酿酒技师、粮食、酒曲及窖泥，使用完全一致的工艺，能不能"复

制"出茅台酒？

历时十年的茅台酒易地生产试制以失败告终后，所有人才醒悟过来，茅台酒的香冽何止依靠一板一眼的酿造工艺，每一滴里都蕴藏着茅台镇千年酿酒历史的魔力，它是山、水与人的浑然一体，看似一切操作都有尺度，实则每一环节都是变数。

"离开茅台镇，就酿不出茅台酒"已经成为业内共识，茅台镇"中国第一酒镇"之名当之无愧。茅台酒只能产自茅台镇，它是成百上千年来茅台酿酒匠人智慧的结晶，经历了无数坎坷与演变，它的酿造工艺与品质饱含的匠心始终如一，"纯粮蒸煮、烤而复酿"的原则从未变过。

解密茅台工艺特征

一年一个生产周期

从古至今，茅台酒一直延续着一年一个生产周期的传统酿造方法，以二十四节气为时间参考，在仲夏小麦成熟的端午节制曲，在秋季高粱成熟的重阳节下沙，分为两次投料，历经九蒸八窖七取酒，在最合适的时机做最恰当的事，精工细酿，用一年时间雕琢一杯佳酿。其中既蕴含着茅台先辈们顺应天时的古老智慧，也包含着当今茅台人对酒品质的极致追求。

在工业化进展迅速的今天，时节已经被很多人忽略了。各种反季节蔬菜上市，虽丰富了人们的餐桌，却也让城市里的人们模糊了四季变化，忘记了"不时不食"的古训。在追求高效快速的工作生活方式的影响下，人们淡忘了二十四节气，也淡忘了日子与日子之间的界限，直到过年时才恍然发觉一年又过去了。

从前的日子过得缓慢而悠长，一年的四季交替，自然界

的万物生长变化自有其规律。在长期的观察、生活中，充满智慧的中国先民们找到了万物生长变化的规律，总结出二十四节气，从此因时而食，因时而适，达成了人与自然在时序中的和谐统一。

农业的生产活动讲究顺应天时，晴时浇水，雨前收粮，一日的晴云风雨关系着一家的生计。惊蛰耕地，小满种田，芒种播种带芒的作物。春日播种，夏日万物生发，秋日收获，冬日守着贮藏的粮食休养生息。农民按照时令安排一年的活计，每个时令的活计各不相同，一年四季各有各的忙碌。当谷粒归仓时，农民就明白，这一年走到了结尾，即将开始新的循环。

走过春夏秋冬的作物有着时光赋予的独特香气，同样走过四季的酒也有着被时光亲吻后留下的绵长富足滋味。

酒的酿制与农业生产关系密切。农民耕种需要根据四季变换决定何时播种、何时收获。茅台酒的酿制同样如此。茅台人是在另一片土地上耕作的农民，酿制的各个环节都与大自然息息相关。气候的变化、赤水河的季节变化、高粱的生长成熟变化……每一处变化都与时序有关，影响着茅台酒的品质。

但与农民的耕作稍有不同，茅台酒的轮回是从秋天高粱收获之时开始的。

当时光的脚步走近农历九月初九（以下提及月份时日，均指农历）重阳节，重阳下沙就开始了。这不仅避开了夏季高温可能因淀粉含量高，收堆、下窖升温过猛，生酸幅度过大，从而对酿酒不利的因素,而且此时赤水河水清澈见底,易于酿酒。

每年六月到八月是茅台的雨季,雨水携带紫红色的泥土冲入赤水河,将赤水河变成名副其实的"赤水"。"赤水"中含有大量泥沙等杂质,无法作为酿酒用水,而到了九月初九,雨季结束,赤水河从赤红变为澄净清澈,水质极佳,闻起来无异味,入口微甜,正适宜用于酿酒。

此时,茅台镇的昼夜温差开始变大,夜间的凉风悄悄来临,水汽在高粱叶子上凝结成霜,赤水河谷处海拔400余米,气候较为温暖,红缨子高粱正好到了成熟的时候。

时光是最高明的酿造师,它把酿酒所需的一切都准备好了,没有多一分,也没有少一分,一切都刚刚好。赤水河中的红色泥沙已经消失,茅台人用滚烫的热水滋润着另一种红色的沙子——红缨子高粱,开启茅台酒新一轮的生产。而若闰月是在九月至腊月期间的特殊年份,下沙启动时间则要与重阳节错开。

再晚一个月,生长在2 000米海拔高山上的高粱也成熟了,又一批高粱被投入到酿酒的工序中,进入造沙流程。此后,地里所有的高粱都已收获,人们也就不再投料了。

接下来便是为期七个轮次的发酵、取酒过程。从头年的十一月中旬到春节前,为第一轮次取酒;次年二月到三月,为第二轮次取酒;四月上旬到五月上旬,为第三轮次取酒。这段时期,茅台镇的气温逐渐攀升,微生物的生长繁衍速度加快,

酒的发酵也因此加快了步伐。

从五月中下旬开始到八月下旬,是茅台酒生产的黄金时节。这期间,炎热少雨少风的气候为微生物提供了绝佳的生长条件,它们进入快速生长繁衍阶段,酒的发酵进程也开始加快。

九月上旬,第七轮次的取酒和丢糟工序完成,为期一年的生产周期才算结束,将再次开启新一年的循环。

这是高粱向酒转化的生命之路,每一步都必须踏踏实实走过,每一步都急不得。而酒的另一灵魂主角——曲的轮回,则是从四五月份开始的。

茅台酒制曲选用优质冬小麦。优质冬小麦在四五月份成熟,收获的冬小麦进入酒坊制曲。这时茅台镇正处于一年中最湿热的季节,河谷地形使得这里缺少风的降临,成为微生物的温床。这时候正适合微生物生长繁衍,曲块从空气中网罗了无数微生物,耐心地等候它们带来成熟与芬芳。等干曲存放小半年,正好能赶上高粱成熟,酿酒开始。

长达一年的酿造周期和严格的季节性,在限制了茅台产量的同时,又赋予了它丰富、醇美的滋味。

在特殊时期,茅台曾经喊出"沙子(高粱)磨细一点,一年四季都产酒"的口号,小范围内尝试违背茅台酒的生产规律、加快生产速度的做法,茅台酒的产量确实得到大幅度提高,但也失去了其独有的滋味,更失去了质量保证。

在产量与质量之间，茅台人果断选择了坚守传统，坚守这一年一个生产周期的漫长时光。正如他们恪守的"四个服从"所说："成本服从质量，产量服从质量，效益服从质量，速度服从质量"。

茅台酒的美味究竟从何而来？从这一年一个生产周期和每一天的精工细酿中来，从茅台人的耐心与坚持中来。

两次投料

"机器坑我们，对我们很残忍。"一名农户望着被机器筛选出去的小颗粒高粱，哗啦啦的声音刺激了他，他忍不住发出感慨。

此时是艳阳高照的八月，距离重阳投料的日子不远了。茅台前来收购高粱的工作人员没有任何防晒措施，暴露在烈日下，眼皮上满是汗珠，说："我不对粮食残忍，质量就会对茅台残忍。"

与一些白酒随时投料、随时生产不同，茅台酒有确定的投料时间，只在赤水河谷的高粱成熟的重阳节进行第一次投料，在仁怀更高海拔的高粱成熟时进行第二次投料，时机不可错过。每年重阳前后两个月是茅台最繁忙的时节，生产链上的原料供应中心必须提前准备好质量达标的高粱，开启茅台酒新的一年生产周期。

酿造白酒，原料的选择与当地自然条件适宜种植的农作物关联性强，东南沿海用米做原料的多，内陆水资源丰富而地处丘陵山区的则喜用多种粮食，北方水少又处山区的则多用耐旱且对土质要求低的高粱。

茅台的位置有自己的独特性，它虽地处内陆，又是山区，可水资源并不丰富且极易流失，本地的红缨子高粱是它酿酒的最佳搭档。

茅台镇特产的红缨子高粱与东北及其他地区的高粱不同，粒小皮厚、颗粒坚实、饱满均匀，截面呈玻璃质地，支链淀粉含量占总淀粉的88%以上，单宁含量高。红缨子高粱的特性使得它十分耐蒸煮，恰好契合了茅台酒的回沙工艺。在经历九次蒸煮、七次取酒后的酒糟中仍能看出几分高粱的颗粒形状。

这一独特性是每个茅台人都铭记于心的，他们的经验已经烙印在酿酒基因中，但究竟为何茅台酒的投料非红缨子高粱不可，科学的解答也值得我们去探寻。

在多轮次翻烤中，玻璃状的质地使高粱中的营养不会一次性消耗殆尽，而是在每一轮生产中缓慢释放，直到走完它的生产周期，从而保证每一轮次酒的质量。红缨子高粱富含1.68%的单宁，这种有机物在茅台发酵工艺的指引下，会化为茅台酒香味的前体物质：儿茶酸、香草醛、阿魏酸……最后形成特殊的芳香化合物和多酚类物质等。这些陌生的名词背后代表的物质与红缨子高粱及微生物相伴，共同塑造了茅台酒幽雅细腻、酒体丰满醇厚、回味悠长的特色。

收购来的原料将在重阳节期间投入生产，而两次投料又有下沙、造沙之称。制酒车间的酒师都知道，茅台酒生产周期的起始和基础是重阳下沙，要做好茅台酒，必须做好高粱的预处理工作。

如何才算是把高粱做好了预处理？

茅台酒的酿造工艺在历史中演进，随着时代的发展、科技的进步与经营者的规划，有三种造沙方法可供选择。一是利用机器将高粱打成粉状，经蒸煮后取酒，这种方法具有出酒率高、成本低、利润丰厚、资金周转快等优点；二是将高粱研磨成处于粉末状和完整颗粒之间的状态，这种形态能支撑多次发酵蒸馏，各方面的性状都相对平衡，与第一种方法相比，这种方法产量稍低、成本高出不少，但酒质更佳；三是依然延续农耕社会的方法，将高粱的粉碎度降低，保证相当比例的完整颗粒，令高粱在反复发酵蒸馏中逐渐糊化，虽然生产周期长、成本高、出酒率低，但香味物质丰富而协调、口感细腻幽雅而醇厚。

作为一家千亿级体量的企业，茅台毅然选择了第三种，不被时代的洪流裹挟，坚持传统工艺。

重阳的脚步走进茅台的制酒车间，下沙也正在紧锣密鼓地进行，工人们讲究高粱颗粒的完整性，将它们磨至两成破碎、八成完整，加水润粮后又加母糟蒸透，继而摊晾、拌曲、堆积发酵，待时机成熟便入窖发酵一个月。三十个日夜后，造沙来临，新的高粱磨至三成破碎、七成完整，与下沙时发酵完成的

酒醅混合蒸煮，直到不再取酒。

关于茅台使用近乎完整的高粱颗粒这一做法，一位投身茅台五十多年的工匠笑道："只有农耕社会才有这个，以前不可能有很多人力、物力、畜力、动力把它磨碎。不少酒厂已经体现出了工业社会的特征，可茅台还是继承了农耕社会属性。"

每次投料时，原首席酿造师严刚（已返聘为终身名誉酿造大师）都在车间，忠厚的他站在酒醅旁，脸上少有笑意，言语也不多，可当我们问及制酒为何要两次投料时却滔滔不绝。"茅台酒有香气香味物质，这些香味耐蒸煮，不能一次投料。经过两次投料，这些香味才能在七个轮次中平衡，如果我们只下沙，不造沙，一次性把料投完，烤出来的酒口感不好。就像做馒头要有酵头，要在做的过程中将酵头稀释和在里面，这样蒸出来的馒头才筋道，香味足。"

事实上，茅台酒是纯天然发酵产品，经堆积发酵，靠环境中的微生物作用，不加任何添加剂，对原料的质量、数量与投放时间的把握就是茅台酒酿造的第一招棋。两次投料的原因多样，综合经验与科学的解释，大致有四点。

一是符合高粱的成熟期。赤水河流域多高山峡谷，而茅台坐落于河谷之中，酿酒所需高粱随大山走势种植，重阳前后正是山下山上高粱的成熟期。当山下高粱成熟，收购后无须粮仓储存，可先行投料；而待山上高粱成熟后再次投料，这样便可以保证高粱的成熟度一致、口感相似，好融合。

二是顺应茅台独特的气候特点。夏季河谷炎热异常，此时酿酒会导致酒醅温度过高，倘若原料淀粉含量高，在堆积发酵与下窖过程中，人工难以控制温度，易使酒醅升温过猛，造成大幅度生酸，使酒的品质下降。避开高温季节生产，能更好地控制发酵的过程，协助微生物"酿酒"。

三是重阳之后，汹涌的赤水河水开始转清，此时的水质才利于下料用水。

四是九月重阳是中国的老人节，寓意健康长寿，契合了中华民族传统文化中的敬老精神。

重阳投料也好，端午制曲也好，都是顺应天时的做法，是茅台在现代社会的农耕文明体现。

三种典型体

1965年底，茅台酒厂代表带着一份重要研究成果，从茅台出发，历时一天，来到两百公里外的"酒城"——泸州市。他们抵达时，来自全国的名酒企业的代表已欢聚一堂，参加在这里举行的全国第一届名酒技术协作会。

协作会上，与会的专家、企业代表对论文《我们是如何勾酒的》热议纷纷。这篇论文公开阐明了茅台酒的香型问题，将茅台酒分为酱香、醇甜、窖底三种香型，还回答了茅台酒为何要勾兑、茅台酒是如何勾兑的等问题。

这篇论文的执笔者是一位年仅二十六岁的茅台酒厂技术员，名叫季克良。探寻的目光落在他身上许久，人们获知三种香型的提出背后，还有一位值得敬佩的茅台酿酒大师——李兴发。

20世纪30年代，茅台与三渡赤水的红军结下不解之缘，后来又多次用于宴请其他国家领导人，肩负起神圣而庄重的使命。因此，全国上下都对茅台抱有极大的期待，希望它能提高产量。

茅台朝着增产的目标努力，可酿出的酒质量却参差不齐。

几十年前，茅台酒的生产全凭酒师多年的经验，酒师在复杂的工艺中把握标准与尺度，才有了享誉中外的茅台酒。可人与人本身就有众多差异，酿出的茅台酒自然也有不同风格，在勾兑茅台酒时，寻找一个统一的标准成了当务之急。

李兴发就是找到答案的那个人。

生于1930年的李兴发是仁怀人，他12岁进茅台镇私人酿酒作坊做帮工，从小闻惯了镇上的酒味。1952年，他进入茅台酒厂做了一名工人，师承老酒师郑义兴，第五年就任职茅台酒厂生产副厂长。

那几年，李兴发夜以继日地待在酒库里，收集200多种不同轮次、不同酒龄、不同味道的样品，不断重复勾兑、品尝、勾兑、品尝的过程，通常每天要品尝50多个酒样，即便是节假日也是如此。

李兴发想从酒里尝到什么？

一次，李兴发忙到凌晨两点才上床休息，然而他辗转反侧，依然睡不着，就又坐到桌边开始勾酒。第二天，他的太太焦急地来请医生，因为李兴发早上竟然吐了几口血。医生为他诊断病情时，才知道他已经连续熬夜好几天了，身体当然会吃不消。

李兴发为什么这么坚持？

1964年，李兴发已经维持上述工作状态接近四年。在他尝过难以计数的酒样，一次又一次分析标准酒样后，一天，他终于放下手中的笔，松了一口气。那是一个寒风呼啸的夜晚，心中有数的李兴发丝毫没有休息的打算，他将桌上的材料稍做整理，又拿起三瓶酒，直奔茅台酒厂。

夜深了，驻厂工作组宿舍没有灯火，大家没有想到李兴发会在此时到访。李兴发没有过多寒暄，只是掏出自己带来的三瓶酒，让工作组的专家品尝。大家不明就里，但轮流尝过三瓶酒后，都有一个明显的感受：口味不一样。

可李兴发说，这三瓶都是茅台酒！

这晚，李兴发终于发现了茅台酒的神秘之处，他所勾兑的酒被三名专家异口同声地说风味不同。后来，他又带领科研小组相继采用纸上层析法，根据不同比例进行勾兑，终于摸索出了勾兑规律。根据不同风味，李兴发为这三种香型命名，第一

种口感幽雅细腻，酱香浓郁，叫"酱香"；第二种有突出的窖泥香味，叫"窖底香"；第三种香味不及酱香但味道协调，叫"醇甜香"。

李兴发此时尚不知，茅台酒三种典型体的确立是一把重要的钥匙，打开了中国白酒背后神秘世界的大门。门后，是茅台酒的生产质量稳定，中国酱酒的香味提升、品质提升、工艺标准化和生产规模扩大。《贵州日报》1965年6月还就此转发了新华社题为《茅台酒质量进一步提高》的报道，指出："工人出身的副厂长李兴发目前发现的调配（勾兑）方法调配酒，可以稳定地保持茅台酒特有香气和其他质量标准。"

唯一可惜的是他缺乏文化知识，无法科学系统地向他人阐述自己的研究成果，而当时茅台酒厂又多是他这类凭经验酿酒的伙伴，无法给予他帮助。

或许是命运的指引，就在李兴发苦恼之际，一名发酵专业毕业的大学生季克良引起他的注意。

季克良初到茅台酒厂时，目之所及是低矮黢黑的破旧厂房，散养的猪就在泥泞的路边拱食，不论是领导还是工人的生活都非常艰苦。他很快褪去不适，融入了这种环境。

茅台神秘的工艺吸引着他，他在课堂上所学习的高深理论，在这里似乎可捉摸，又似乎相去甚远，他对茅台酒的疑惑日益增多。为什么要用整颗高粱？为什么要季节性生产？一定要坚持传统做法还是有所取舍？

事实上，1963年12月，《大公报》刊登了全国第二届评酒会的结果，原先排名第一的茅台酒落后不少。这是最令李兴发痛心疾首的事，也是他最后一年不顾身体健康、夜以继日尝酒勾酒背后的动力。他要找到保证茅台酒品质的方法，他要让茅台酒始终名列前茅！

李兴发与其余几名副厂长商议后，请厂长安排季克良总结酒库勾酒经验。季克良的工作热情很高，他知道一味琢磨是无效的，就每天深入车间、班组，与勾兑师交流。一个滴酒不沾的人开始每天尝酒。

他没有辜负领导的信任，也实现了自己"我要弄清楚茅台酒特殊在哪里，秘密在哪里"的理想，终于赶在全国第一届名白酒技术协作会召开前，将李兴发的研究成果总结成论文。

这篇论文不仅为世人揭开了神秘茅台的一角，还首次提出香型这一概念，推动了全国白酒的生产与发展。同年，当时的国家轻工业部还在山西召开了茅台酒试点论证会，季克良代表茅台酒厂出席，正式确立与命名茅台酒的三种典型体。

如今，经过茅台无数科研人员的努力，当初只能凭感觉说出的三种典型体已经有了明确的描述。

"酱香"是酱酒最典型的香型，酚类物质特别丰富，主要来自经过高温发酵的酿酒原料，口感幽雅细腻，有一种芳香化合物发出的香气。

"窖底香"是处于浓香与酱香中间的香型，兼有浓香香气浓郁的特点和酱香口感柔和的特点，香气中窖泥香味突出，完美融合了己酸和己酸乙酯及酱香成分的香气。

"醇甜香"是微生物发酵作用产生的香型，含有较多多元醇，香味不及酱香，但味道醇甜协调，能在三种典型体的香味香气中起到"改善酒体，覆盖燥杂，延长后味，提高酒质"的作用，从而形成茅台酒独树一帜的"复合香"。

三种典型体的确立拉开了白酒变革的序幕，由此茅台实现质量稳定，中国白酒开始划分香型。在1979年全国白酒评酒会上，周恒刚等酒界泰斗在三种典型体的基础上，将中国白酒划分为五种香型——酱香、浓香、清香、米香、其他香。

从茅台酒的三种典型体开始，中国白酒业掀起技术革新热潮，再未平息。

五月端午踩曲

端午前夕，茅台镇进入雨季，意味着茅台制曲的黄金时期到了。

茅台酒的生产具有非常强的季节性。赤水河河水随季节变化，每年的端午节至重阳节是赤水河流域的雨季，河水上涨，雨水将河岸的红色泥沙冲入河中，河水变成赤红色；重阳节至来年端午节是赤水河流域的旱季，没有雨水的影响，赤红色褪去，河水重新变得清澈透明。

茅台人摸清了赤水河的变化规律，于是将"端午制曲、重阳下沙"奉为圭臬。他们在河水赤红的时候做用水量少的制曲工作，在河水清澈的时候做用水量大的制酒工作。

与此同时，冬小麦优势主产区进入了收获期。麦田里，金黄色的麦穗沉甸甸的。微风拂过，送来小麦新熟的芳香。小麦收割机从麦田间驶过，农民们笑意盎然。他们辛苦一年的劳作换成了孩子的学费、全家的生活费。这些小麦已经被茅台酒厂收购，将会一车车运往西南一隅的茅台镇。

一辆辆满载金黄色麦子的大货车一路从黑龙江、河南等地驶进茅台镇，带来阵阵喧嚣。这些优质麦子将进入茅台的制曲车间，被浸润破碎，在制曲工人的劳作下，转变为制酒中最为关键的原料之一——大曲。

端午节当天，雨后初晴，赤水河畔，"茅酒之源"遗址广场，"端午制曲"祭麦仪式上人人神情肃穆。来自茅台一线的工匠、大师们穿着短袖衬衣、黑色长裤，持香敬天、地、水、麦，标志着端午制曲工作正式开始。

端午制曲是从农耕社会保留下来的传统。端午小麦成熟，从前的人因为没有多余的库房存放余粮，便在留够人和牲畜的储备粮后，把多余的小麦制成曲，用来酿酒。

同时，端午时的气候也最适合制曲。制曲从端午开始，生产周期贯穿全年。端午正值仲夏时节，雨水增多、气温升高，

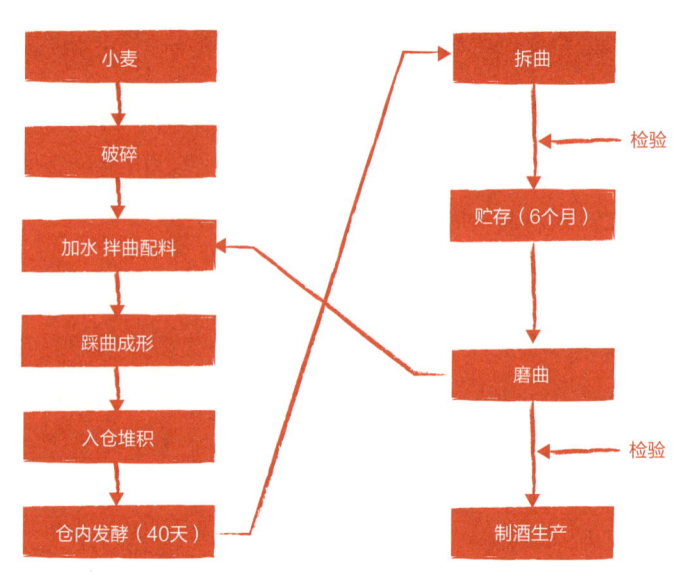

```
小麦 → 破碎 → 加水 拌曲配料 → 踩曲成形 → 入仓堆积 → 仓内发酵（40天）
拆曲 ← 检验
拆曲 → 贮存（6个月）→ 磨曲 ← 检验
磨曲 → 制酒生产
```

茅台酒制曲流程图

气候炎热潮湿，再加上风速不快、光照充足，为微生物的生长繁殖提供了良好的自然环境。

微生物是一群勤劳的工兵，不同种类的微生物数量各不相同。端午节开始升高的气温是召集它们的号角，号角响起，它们便活跃起来，汇集在一起，蓄势待发，将要发起一场名为"发酵"的战争。它们冲入曲块中，分泌出大量的酶作为武器，让淀粉、蛋白质快速转化为糖分，最终生成香气和香味物质。

制曲就是让微生物冲进曲块的过程。

而在除了端午的其他时节，为了保证制曲的质量与端午时一致，茅台工匠们会在制曲时对原料破碎度、母曲量、拌料水分等参数进行相应调整。这样一来，能确保大曲的质量全年稳定。

制曲车间，机器轰鸣，提前浸润好的小麦被运送到粉碎机中进行破碎。一旁的工人已经调整好了各项参数。小麦破碎的工艺要求是5∶4∶1，即50%的块状，40%的颗粒状，10%的细粉状。破碎好的小麦将和母曲、水一起送到螺旋搅拌机中搅拌，混合均匀，形成曲料。

小麦破碎是茅台酒制曲的第一步。磨得好，踩的酒曲质量就好；磨得不好，就会影响曲子的发酵。如果曲粉磨得太细，水分过大，容易形成窝心曲；磨得太粗又不利于贮存。

在螺旋搅拌机的出口，曲师和班长会检查曲料。每天开机前，曲师和班长都会对当天的原辅料进行质量检测，开机后也要不间断地检验曲料情况，以判断是否符合生产工艺标准。

只见曲师伸手抓起一把曲料握紧，松开摔到地上，然后说："这个湿度稍微高了一点，需要调整一下。"

没有仪器测量，曲师怎么知道曲料的湿度？

"手捏成团，一摔就散，这样的曲料就是合适的。这是我们传下来的诀窍，我的师傅也是这样教我的。"一名曲师透露了茅台世代相传的判断曲料湿度的秘诀，这秘诀不是听了就能学会的，需要成百上千次的训练。

一旁，几辆不锈钢推料车已经准备好了，它们会将曲料送到踩曲工作区，由踩曲工人将曲料制成曲坯。推料车咕噜噜驶

到踩曲工作区，将曲料倾倒在一旁。一个车间有十几个班组，每个班组有4个踩曲组，每组有4个人踩曲。踩曲工作区热闹极了，姑娘们穿着工作服，浑身是汗，动作却轻快得如同蝴蝶飞舞在春日的花丛中。她们双手握着铁锨，将曲料铲到地上摆着的不锈钢曲盒中。

以前踩曲的曲盒并不是用不锈钢制成的，而是用柏香木材做的。2000年，因为柏香木数量太少，再加上出于环保的考虑，茅台在两个班做实验，用不锈钢曲盒踩曲。实验证明用柏香木曲盒踩曲和用不锈钢曲盒踩曲没有质量上的区别。茅台便将柏香木曲盒换成了不锈钢曲盒。不锈钢曲盒虽然成本高，但很耐用，不像柏香木曲盒容易坏，报损多，相对来说倒是节约了成本。

铲上三铲或者四铲，就能填满曲盒，在曲盒中堆出一个锥形的小山包。接着，她们一手支着铁锨，脚尖踮起，脚呈内八字状踩在曲料上翩翩起舞，脚步紧密轻快，富有韵律感。上去下来，为一个流程，算是一转。踩上三转，中间的曲基本就踩紧实饱满了，再将曲盒旁边的曲料揩干净，曲块就成型了。从踩上曲料开始计算，不到一分钟，一个中间松、四周紧的龟背形曲块就呈现在人们眼前。

曲盒的标准是长37厘米、宽28厘米、厚6厘米。曲块中间的龟背高度在12.5厘米到14.5厘米之间。这是茅台一直传承下来的标准。按照这个标准做出来的曲块，质量才有保证。如果太小了，锁水、保温效果不好。如果太大了，一方面曲块太重，会加重工人进行运曲、择曲、堆曲、翻曲等操作时的劳动负担；另一方面，也不利于发酵。

据统计，踩一块曲大概需要60步，一名制曲工一天的踩曲量为180到200块。也就是说，一名制曲工每天要踩10 800到12 000步。

"她们看着笑嘻嘻的，脚步又轻快，其实踩曲是非常辛苦的。刚开始踩曲的人，脚底都会起泡，还会红肿。就算是一个壮汉，连续踩两天曲，也会累得走不动路。"制曲车间的班长看着在曲块上起舞的姑娘们，心疼地说。

那为什么不采用机械化制曲，减轻工人的体力劳动强度呢？

机器压制出来的曲块过于僵硬死板，不如人工踩出来的曲块饱满、松紧适宜。且人工踩曲，能从空气中网罗更多微生物，增加茅台酒的香气。

茅台的曲师坚信，只有用茅台一直传承下来的人工踩曲才能做出最好的曲块。这是茅台几次进行机器制曲实验得出的结论。茅台分别于20世纪60年代、80年代及2010年进行过机器制曲实验，实验结果均表明，相较于人工制曲，机器制曲的人工成本更低、生产效率更高，但曲块质量不如人工制曲。出于对质量的坚守，茅台并未推广机器制曲，而是一直坚持人工制曲。

"我们的踩曲过程，有两个难点，一要踩成龟背形；二要

中间松、四边紧,并且要紧致饱满,这样便于粉碎发酵。如果紧了,曲块不透气,会影响发酵;如果松了,后续很可能会过度发酵,烧穿曲块。曲块中间和四周的松紧度要求不一致,松紧度非常难把握,机械目前做不到人工那么精细。"茅台一名曲师说。

踩曲主要是看踩出的曲块是否符合工艺要求,与踩曲工人的性别、年龄无关。茅台酒酿造所需的龟背形曲块要求曲坯疏松适度,便于粉碎发酵。因此,这道工序需要体重适中,女性适中的身材和灵活的脚步有利于踩制疏松适度的曲坯;体重偏重的女性或者身材魁梧的壮汉,很容易把曲坯踩得过于密实,对发酵效果会有影响。

踩好的曲块连带曲盒一起被拎到摊晾工作区摊晾"收汗"。制曲姑娘拎着曲盒一角,龟背形一面朝上,往地面一磕,曲块就端端正正地"躺"在了地上。从第一块曲块"躺"到摊晾区开始,大约50分钟到一个小时,整个摊晾区就都被填满了。一眼望去,整整齐齐地,像是地上画了无数个金黄色的"田"字。

这时,另外一群姑娘便忙着收曲。收曲也有时间要求,太干或太湿都会对曲的发酵有影响。水分很重要,这个度全靠曲师在现场把控。

收起来的曲块先是码在一辆万向轮车中,然后一车一车地运往发酵仓,进入堆曲的工序。

摊晾曲块

制曲四十天高温发酵

一辆辆小推车将曲块推到了发酵仓中，送它们参与一场为期40天的高温发酵之旅。这一段旅程要走过入仓堆曲、仓内发酵、两次翻曲、拆曲等几个站点。高温发酵是以茅台为代表的酱香型白酒大曲独特的酿造工艺，指的是大曲在40天的仓内发酵中，最高可达60℃的品温。高温发酵的所有环节都在发酵仓中进行，发酵仓是维持高温、让曲坯发酵的温室。

发酵仓是一所窄长闷热的小房子，只有活页木窗和屋顶的小青瓦能用于通风。屋内有照明灯，装仓工人便借着这些光，将摊晾好的曲块堆好。

一般一个班组每天会有两组共6人负责将踩制好的曲块装

入发酵仓进行发酵，这一环节被称为"装仓"。因为踩制好的曲块需要一定的摊晾时间，所以当踩曲组刚开始作业时，装仓工人会做一些准备工作，打扫干净发酵仓，这时候装仓工人显得比较轻松。

而当摊晾好的曲块运送到发酵仓时，装仓工人便开始了忙碌的堆曲工作。堆曲工序中最不可或缺的物品是稻草，稻草是曲块能进行高温发酵的关键，也是曲块未来40天居住的温床。

铺草是堆曲工序的第一项工作。装仓工人要在地上铺一层厚17厘米以上的底草，然后才开始堆曲块。堆曲的过程中要用厚厚的稻草将墙面和曲块隔开。曲块层与层之间要叠草，块与块之间要卡草，其中层与层叠草的厚度要在5厘米以上。可以说，所有曲块都被稻草包裹住。这些稻草一方面可以保证曲块之间保持合理的距离，在发酵过程中给大曲微生物留足生长繁衍的空间；另一方面，稻草上也含有丰富的微生物，这些微生物迁移到曲块中，能增加曲块的香气。

每一个发酵仓要堆6根埂子，每根埂子堆4层。堆曲时要遵守"横三竖三"的原则，即将曲块横三块、竖三块相间排列、交错堆积。这样的堆放结构比较稳固、透气，易于排潮保温，溶氧过后发酵也更均匀。

最靠近地面的那一层称为底层，底层要堆50块以上的曲块。从地面往上数的第2、3、4层要堆的曲块数量必须在56块到62块之间，不能有过大差异。低于这个标准，曲块就装松

曲块装仓

了；高于这个标准，所用稻草就会减少。两者都不利于曲块的发酵。

总之，装仓工人每天要往一个发酵仓装入1 300多块曲块，单块曲块重量在20斤左右，合计约26 000斤。

曲块堆好后，还要在曲块上方堆上厚厚的盖草，厚度要达到30厘米以上，要遮盖整仓曲块，再在曲堆上面的稻草层洒上适量的水，且冬季洒水量比夏季大。

在发酵过程中，这些厚厚的稻草层既能很好地锁住水分，又能最大限度地保证曲块温度的恒定，还能为曲块提供重要的微生物，一举多得。

堆曲时用的稻草其实也非常讲究，有着严格的质量标准。

茅台选用的稻草直接从农户处收购,每一根都是长度在80厘米以上的金黄色稻草,新鲜、干燥、无霉变。

值得一提的是,茅台酒的生产手册中还严格规定了,堆曲中所用的稻草必须新老混合,不允许出现单独使用新草(没有经过堆曲的稻草)或者老草(已经经过一个轮次堆曲的稻草)的情况。老草上含有微生物,有利于曲块生成香味物质。曾经有一些新生产房堆曲时全部用新草,导致曲块发酵情况不佳,好曲数量少。

底草和叠草用老草,卡草用新草,顶部的盖草第一层是老草,再铺上一层新草,再铺上一层老草。稻草层层铺叠,新老交替更利于保温。从农田收购来的新草,通过老草的传递和微生物的网罗,慢慢就会变为老草。

洒水之后,装仓工序就大致结束了。"我对装仓感受最深,上一道工序要对下一道工序负责,装仓不合格会影响曲块的产质量。"1988年生的王晓波在回忆制曲工作时说。她2012年大学毕业就通过社招来到茅台,尽管先后调到公司团委和原料基地办工作,但当提起茅台对个人的影响时,她第一时间还是想到了制曲车间的装仓工作。

装完仓后要打扫干净发酵仓,抱走剩余的稻草,同时将这个仓的门窗全部关上,让曲块像春雨到来之前的种子一样,静静地在黑暗中生长、积蓄力量。

发酵时间大概要持续40天。这期间除非翻仓需要,否则不允许任何人打开发酵仓门窗，以免影响发酵仓内的温度。

在所有白酒酿造工艺的温度参数中，茅台制曲的温度是最高的。一般白酒的制曲发酵温度大约在45℃～50℃之间，比茅台的制曲发酵温度低10℃～15℃。在仓内发酵期茅台曲块温度可达60℃左右，这是茅台酿制工艺的一大特点：高温发酵。

在整个大曲发酵过程中，高温能对环境中种类繁多的微生物进行有效筛选，不适宜在高温环境中生存的微生物被淘汰，留下特殊的耐高温微生物群，最后形成耐高温产香微生物体系。

高温发酵使大曲内微生物繁殖方式发生转化，大曲中含有大量耐高温产香微生物，几乎没有酵母菌。耐高温产香微生物的新陈代谢带来了大量的代谢物，又通过微生物细胞蛋白产生氨基酸等营养物质，由此形成酱香型白酒特殊的芳香物。这也是茅台能具有相当丰富的香气前驱物质的原因。

高温发酵是微生物自然发酵，生成酱香型白酒主要香味物质的过程。

曲块进仓后，要经过两次翻仓，在发酵仓内发酵40天后才能拆曲，离开"小黑屋"。

走过装仓堆曲这一站点，微生物就开始大量繁衍、生长，促进曲块的发酵。要想让曲块发酵充分，下一步就是翻曲。

曲块发酵过程中会产生废气和多余水分，稻草的包裹减缓

了空气的流通,再加上发酵仓中相对密闭的环境,这些废气、水分无法排出。同时,在堆曲过程中,可能存在部分曲块因接触不到氧气而发酵不均匀的情况。在发酵过程中两次翻曲,能有效解决这些问题,排除多余废气、水分,使每一块曲块均匀发酵。

翻曲是指翻转调换曲块的位置,去除曲块间腐坏、霉变的干草,换上新的干草。负责翻曲的员工要把仓内的曲块翻到发酵仓的另一边,每翻好一层便在上面铺一层草,接着再翻一层,每一块曲块都要翻转一遍。一个发酵期要进行两次翻曲。

翻曲的劳动强度非常大。翻曲时一般是4个人一起作业。一个曲块约重20斤,一个发酵仓约有1 300块曲。理论上,4个人大概需要3个小时可以完成翻曲工作。实际上,体力好一点的可能需要3个半小时,体力不好的需要将近4个小时才能完成,天气炎热的时候还需要增加休息时间。

高温制曲对翻曲时间的把控要求非常高。翻曲恰到好处,会形成酱香味最浓郁的黄曲;翻曲过早,曲坯的最高品温会偏低,发酵不彻底,生成白曲;翻曲过迟,品温过高,会"灼烧"曲块,生成黑曲。生产上要求黄曲车多,其数量要占一个制曲周期全部曲块的80%以上。

同时,翻曲的技术难度非常高。制曲工艺要求翻曲员工能迅速通过闻香、看色、观形等方式对曲块发酵作出判断并进行调整。"最好的黄曲曲香浓郁、纯正,带有酱香味、曲香味、豆豉味和花香味。"一位有经验的制曲工透露。

翻曲工会测量曲块中心温度，品尝曲块味道，以此判断什么时候翻曲。一般在堆曲后的第7天到第9天，车间会选派经验丰富的曲师进入发酵仓，把门关上，测量曲块的温度并品尝曲块。当曲块温度达到60℃，具有黄粑[一]味时，就可以打开门和窗户，开始第一次翻曲。出于仓内保温的考虑，夏天可以打开两扇窗户，冬天只能打开一扇。

一进入发酵仓，就像进入蒸笼，滚滚热浪扑面而来。翻曲工工作没一会儿，衣服和帽子都会湿透，上面还会沾满曲粉和稻草。翻仓时，因为仓内曲块的温度在60℃以上，摸上去都烫手。夏季，发酵仓的温度在30℃以上，最热的时候在40℃以上，翻曲工翻曲时不一会儿就需要出来休息片刻，以防中暑。翻曲结束后，同样要打扫一遍，将择出的霉变、腐坏的稻草抱走丢弃。

第二次翻曲在第一次翻曲后约7到9天。两次翻曲的操作要点相差不大，只存在温度差异。经过第一次翻曲，曲块发酵均匀，再加上新草的使用使曲块干燥，曲块的温度会下降5℃到10℃。第二次翻曲时要求曲块中间温度在50℃到55℃之间。

在翻曲的过程中既要完成高强度高难度的动作，又要忍受高温的煎熬，但翻曲工非常擅长苦中作乐，他们会一边和同伴聊天，一边翻曲，有时还会哼几句贵州山歌。

回忆起当初的工作，已经退休的曲师何传勇这样形容翻曲

[一] 黄粑是贵州特产的一种糯米发酵形成的小吃。

的过程:"翻曲的时候,如果翻到的都是发酵好的黄曲,心情会非常愉快,就像丰收一样。翻曲时怎么判断曲块的发酵情况?一个是颜色,一个是温度。看曲块的一侧,跟刚刚摊晾好的曲块比起来,颜色变了的曲块就老熟了。老熟的曲块呈深褐色,温度在60℃以上,这样的曲块需要把它放到顶上;颜色没有多大变化的曲块,则没有发酵好,需要把它调到下边去,让它二次发酵。这样一来,整仓曲都能相对均匀地发酵。每一仓曲对黑曲、黄曲、白曲这三种曲数量的比例有一定要求,因为曲块发酵的变量很大,没办法做到每一块曲都发酵得正好,都是黄曲。"

发酵好的曲块都是金黄色的,看起来像贵州的一种特色小吃黄粑,味道也像,还有点酸。很多年以前的老前辈们亲口尝过曲块。他们那个年代粮食紧缺,员工大多饿着肚子干活,实在饿得受不了了,就避开人抠一点曲块沫沫咽下去。"香得很!"他们说。

整个发酵期长达40天,冬季气温低时甚至需要50天。在发酵过程中,曲块的气味也会发生变化。员工翻曲的时候也会闻曲块的味道。最开始翻曲的时候,酱味很浓,慢慢地会变甜,有豆豉味、花香味。老熟一点的曲,味道和炉子上烧红薯的味道很像。

走完在发酵仓内的高温发酵之旅,曲块大部分已经干燥,温度下降到接近室温。这时,需要把曲块从稻草里拆出来。这一步被称作"拆曲"。拆曲必须干净,要细细择除包裹曲块的稻草。七八个员工戴着劳保手套，将曲块上的稻草扒到一旁，露出曲面，再将曲擦得干干净净。制曲车间的质量老师会在拆曲现场为质量把关，要求曲块上不能留有3厘米以上长的稻草。

员工要从择下来的稻草中选出可再用的曲草，留待下一次生产使用。在发酵过程中已经变颜色的稻草要被丢弃，避免污染曲块，影响曲块的发酵。

黑曲、黄曲、白曲标本

拆曲时如果曲块温度过高，会使发酵仓存在一定的安全隐患。因而员工拆曲时如果发现曲块中心温度过高，就会将它放置到一旁，等温度降下来后再存入干曲仓。

拆干净的曲块将会进入干曲仓，开启它的新旅程。

存曲近六个月

"曲是酒之骨"。对这句俗话，茅台人深以为然。好曲才能

出好酒，茅台酒的品质关卡不只有酿酒，还有少为人称道的制曲。近40天的制曲工作告一段落，制曲车间秉承"曲是陈的香"的传统，让曲块与稻草分离，独自开始近六个月的时光之旅。它们被安放在推车内，由一名女工推向干曲仓。

车间明亮宽敞，推车内的曲块已经难以看出小麦的本来面貌，它们需要再经过近六个月的磨砺，才能与高粱一同创造出在味蕾跳动的佳酿。

女工在过道的一边停稳推车，她眼前有一个洞口，从洞口向下望，什么都看不清。洞里有很长一段不锈钢材质的梭槽，一直延伸下去，坡度并不陡峭。她抱起一个重达20斤的曲块，挪动步子转身，将曲块平稳地放在洞口，松开的双手顺势一推，曲块就沿着梭槽呼啸滑下。女工这一动作熟练流畅，明明只是几秒钟，我们看上去却像慢镜头。

"从这里往下，大约有一米五。"她从我们的脸上看出了疑惑，很贴心地为我们解答。原来洞口下就是干曲仓，梭槽相当于一条传送带，将曲块送进"仓库"。可滑下的曲块时间一长总会堆积在一处，车间就会派员工从干曲仓门口进去，让干曲仓内的曲块分散堆积，做到表层较平整。

对于为何不直接将推车推进干曲仓，再由人一个一个将曲块放好的问题，已退休的制曲大师何传勇笑道："那多浪费时间，这边踩曲、翻仓、拆曲，推过来就可以直接利用梭槽放进干曲仓。如果每次都要把推车推到门口，再进仓放置，效率会大打折扣。"

干曲仓的门口相当于在楼下，当梭槽出口堆积了一定量的曲块时，就有员工入内整理。干曲仓被填满后就被封闭，而这一"封闭"并非与世隔绝，它拥有百叶窗一样的门，可以与外界交换空气。

干曲仓的门吱呀一声关上了，里面的曲块陷入一片寂静，这是它们在被磨成曲粉前最后的蜕变。从小麦到曲粉，茅台的制曲工作是整个工艺流程中最重要也是最复杂的工作之一。茅台总共有30道工序、165个工艺环节，制曲就占了8道工序、35个工艺环节。这8道工序为小麦磨碎、拌曲配料、踩制成型、入仓堆积、仓内发酵、拆曲、贮存、磨曲。存曲六个月的浪漫之处，便是在酿酒前将制曲工人的心血与汗水，以及曲块的香气与魔力，都贮藏在时间里。

茅台存曲近六个月，这是先人的智慧，或许从前茅台匠人只知其然，可如今的茅台匠人已经知其所以然。

酱香型白酒酿造工艺用曲量大，所用曲的品质高低将直接关乎出酒率与优质品率，如何制作一块好曲是酿酒人永恒的话题。茅台人在制作好曲之外，还要思考如何得到一块好陈曲。

在白酒行业，贮存不足三个月的大曲被称为生曲，三个月以上的大曲被称为陈曲。与生曲相比，陈曲酶活力下降，糖化能力下降，香味增加。贮存曲块能"去杂""纯化""增香"。

得到一个品质良好的曲块前，磨碎的小麦与水融合，将在敞开式的环境中网罗大量微生物。即便经过数十天的高温发酵，又与稻草产生了新的联系，可曲块是微生物的活动场，其中不乏一些不利于酿酒的菌种。经过破碎的小麦并没有去皮，小麦皮上携带的酵母菌将一直附着在曲块上，而近六个月的贮存足以让这些酵母菌干死、渴死。制曲时潜入的大量产酸细菌偏好温热潮湿的环境，在相对干燥的条件下，经过长时间的贮存，它们会死亡或失去繁殖能力。这时，微生物不会太过活跃，避免了酿酒时酸度过快升高，影响酒液品质。

贮存后，曲的酶活力降低，酵母数量也会相对减少，糖化率降低，产酒量不高，但取酒时香味更好。而贮存期在三个月到六个月之间的大曲尚有大量酸菌，如果大规模应用于生产，会导致糟醅升温过猛，生酸幅度大，使得基酒掺杂异味。

随着时间的延长，曲块的水分下降，小麦皮的蛋白质与氨基酸沉积，实现陈化，当它们与粮食相遇时，就会在嗜热芽孢杆菌的作用下，产生浓浓的酱香味。但贮存时间并非越长越好，本身制曲就是网罗微生物并让微生物为酿酒工作的过程。从曲块放入干曲仓贮存起，微生物的总数呈现先增加后递减的变化规律，其中酵母菌受环境影响最大，前后数量波动明显。曲块的微生物种群数量在贮存第六个月时达到最高峰，之后将逐渐下降。如果贮存时间过长，曲块中的微生物种群数量会太过稀少乃至彻底失去活性，无法将粮食中的淀粉转化为酒，那么酿酒时加入曲子就是无用的。

曲块上微生物的含量是酿酒的质量密码，不可多也不可少。不利于酿酒的杂菌会被时间消磨殆尽，其余活力下降的菌种也将是酱香味的主要来源。

从茅台酒的酿造工艺来看，端午小麦成熟，制曲车间的工人开始制曲，而重阳节前后高粱丰收，一年一度的下沙将在此时吹响号角，在作为酒之基的粮食与酒之骨的大曲融为一体前的这段时间，正好是曲块的黄金贮存期。

古人顺应天时酿造茅台酒，而今人不过是在古人的智慧结晶上，利用科技去探寻奥秘，将工艺稍作改进，以得到品质更好的基酒。存曲近六个月，期间虽没有任何工艺操作，但制曲车间的工人丝毫都不能懈怠。

存曲规定温度为30℃，因干曲仓通风良好，基本能与茅台地区的气温保持一致。虽然存曲期间会产生大量曲虫，曲虫的取食量也将随温度升高而增大，但茅台始终坚持道法自然，不采取任何降温措施。此外，降低贮存温度虽然有利于抑制曲虫活动，保存曲块香味，却不利于酱香生成。

贮存温度过低不可取，当温度过高时也将人为干预。曲块堆积会自然升温，当通风条件无法满足散热的需要时，就有燃烧的隐患。首席酿造师任金素依然记得，她进厂三十三年时间里，曾发生过一次事故。之后每个干曲仓都装了安全系统，一旦仓内温度升到50℃，系统将自动报警。听到警鸣声的班组将迅速采取行动，打开仓门，检查情况，采取一定措施，排除隐患。

从曲块入仓那一刻，到出仓被磨成曲粉前，工人的神经始终是紧绷的，他们绝不允许出现意外。这不仅仅是厂内的规章制度的要求，还是他们发自内心地对本职工作的要求。

七次取酒

牛尾一滴酒还没见，一个不锈钢小碗已经接在正下方，碗下是一个铺有过滤纱布的漏斗，插在一个重达60公斤的不锈钢酒桶内。几分钟后，牛尾处流出一股清亮的液体，落在不锈钢小碗里打出一圈圈白花，这一场景即便茅台制酒二十车间的工人已经见过成百上千次，他们却依然激动地大声呼喊"出酒咯！"。

茅台酒的生产周期横跨一年，若是将30个制酒车间都算在内，而每个车间又有五个左右的生产房，每个生产房有不同班组，每个班组每轮次都要经历这种出酒场面几百次。出酒那一刻在外行人看来就像在循环播放幻灯片，只有全心都在制酒的酒师与工人清楚，每一轮次都不一样，每一天都是新挑战。

农历九月是每年茅台酒的酿造伊始，装满红缨子高粱的麻袋被运到车间，研磨成粉状的大曲在一旁待命，清澈的赤水河水被打上来，一切准备就绪，只待工人拿起工具。

茅台酿酒用的高粱不能全磨成粉末，也不能全是颗粒状的，而是要两成破碎、八成完整。下沙先要润粮，即用90℃以上的水润洗高粱,既洗去了渣滓,又让高粱吸饱了水。高粱堆子前,班组的酒师弯腰蹲下,用手抓握浸水的高粱,感受湿润度。整个班组都在等待他的鉴定结果,如果水少了则要加水,水多了则要延长摊晾时间,湿润度合适才会进行下一环节。

隔天,要往润好的高粱里加入适量的母糟与磨好的曲粉,工人拿着铲子将它们翻拌均匀,再用抬筐将高粱上甑,蒸煮约两个小时。时限一到,行车会来吊起甑子,将它抬离锅炉运至晾堂上。

预备好的工人利落地用铲子敲击栓阀,"当啷"一声后甑子底部洞开,满甑的糟醅落在晾堂上。工人纷纷拿起铁铲,将高温的糟醅抛起来甩开平铺在晾堂上,热气瞬间四溢;接着将铁铲换成特制的木锨,来回进行打糟操作,使糟醅迅速排出杂气和多余的水分,同时达到均匀降温和网罗空气中微生物的目的;等糟醅温度降到35℃左右,洒上适量的大曲拌和均匀;最后收拢成堆,进行堆积发酵。

班组内的每一个酿酒环节都离不开酒师的一双手,堆子的发酵时间也由他根据温度灵活掌握。堆子的内部最先发热升温,继而传递到外面,通常班组的工人会将一支很长的温度计插入堆子,用以观测内部温度,而熟练的酒师往往无须看温度计,仅将手插入堆子,抓起一把酒醅观察颜色、嗅闻香味、揉捏听声,他的感官与多年的酿酒经验就会给出答案。

"发酵温度和感官质量差不多了,可以入窖。"这句话宣告

了第一次发酵的完成。行车的抱斗来到堆子上方，一开一合就抓起大量酒醅，直到将所有酒醅都放入窖内。

窖池由条石砌成，深3米左右，容量为15到20甑酒醅。其他香型的白酒一般选用泥土或碎石砌窖池，茅台精选当地条石砌窖池，坚固耐用、不易漏气，能保证酱香的生发。就连封窖泥都要用本地的紫红土，管窖工还要时常检查，在窖期结束前不能让它们开裂，也不能过于湿润。

一个月的窖期结束后，造沙被提上日程。经过一轮发酵的高粱和新的高粱按照一定比例混合均匀后上甑蒸煮，后续操作与下沙时一致。下沙与造沙并不取酒，只是增加了整体的发酵时间，让更多的微生物参与到发酵过程中，为后面的七次取酒蓄能。第三次蒸煮取酒得到的是第一轮次酒。

自然的收获节奏是春华秋实，茅台酒的酿造恰恰相反。立春时节，所有制酒车间都在有条不紊地忙碌着，工人开动行车取醅，上甑摘酒，摊晾拌曲……

茅台一直采用高温取酒的方式，即工人口中的"烤酒"。茅台要求蒸馏酒接酒温度比一般白酒的接酒温度高15℃到20℃，一般白酒的接酒温度在25℃左右，茅台的接酒温度最高达45℃。经年酿酒的茅台工匠，不仅可以凭一双手判断酒的温度，还能看一眼即知基酒浓度。1985年通过农转非来到茅台的范德培，已是受人敬仰的特级酿造师。在回忆取酒时的情景，范德培郑重说道："取酒的时候，每个轮次有不同标准，要真正熟悉茅台酒，没有三五年是不行的，如手感温度、眼观浓度，这些都需要经验。"

正说着，第一轮次的酒终于潺潺流出，无色透明，略有生粮味也有酱香味，尝起来发涩微酸且后味微苦。第一轮次取酒每甑产酒三四十公斤，一个班组在这一轮次要交七八吨新酒，但这也只有大回酒一半的产量。

取酒完毕，行车吊起甑子来到晾堂上方，工人快速摊晾糟醅，进行打糟降温，在温度最合适的时候拌曲，继而堆积发酵，等待新一轮的入窖发酵。从第一轮次取酒开始，糟醅将循环往复经历上甑、摊晾、加曲、堆积、入窖、封窖等流程，直到第七轮次酒取酒结束。

每一轮次的酒都各有特色。

从2006年起，经过茅台研究人员15年的追踪探索，茅台已经形成了一套包含样品前处理、风味解析和数据分析的技术体系。从前口传心授的基酒特征被定了标准，就连香味都有了参照物。

第一轮次酒无色透明，无悬浮物；有酱香味，略有生粮味、涩味，微酸，后味微苦；酒精浓度不低于57%；参照香味为杨桃、苹果、芹菜、香蕉、柠檬等的味道。

第二轮次酒无色透明，无悬浮物；有酱香味，味甜，后味干净，略有酸涩味；酒精浓度不低于54.5%；参照香味为黄瓜清

香、草香、蒸饭的味道。

第三轮次酒无色透明，无悬浮物；酱香味突出，醇和，尾净；酒精浓度不低于53.5%；参照香味为熟梨子、蜂蜜、蔷薇花等的味道。

第四轮次酒无色透明，无悬浮物；酱香味突出，醇和，后味长；酒精浓度不低于52.5%；参照香味为巧克力味、曲子味、熟透的香蕉味。

第五轮次酒透明微黄，无悬浮物；酱香味突出，后味长，略有焦香味；酒精浓度不低于52.5%；参照香味为烤面包味、苦咖啡香、糠的清香。

第六轮次酒透明微黄，无悬浮物；酱香味明显，后味长，有焦香味；酒精浓度不低于52%；参照香味为松果香、烤饼干的气味。

第七轮次酒透明微黄，无悬浮物；酱香味突出，后味长，焦香味重；酒精浓度不低于52%；参照香味为烤煳饼干的香气、炒板栗香、杏仁味。

在茅台，他们有这么一番话形容各有风味的七轮次酒：一轮次酒就像小孩，活泼好动，酒体略微辛辣；二轮次酒就像二十出头的年轻人，略带青涩，酒体表现出些许酸涩；三轮次酒进入而立之年，香味较为协调，朝气蓬勃但后味还稍显单薄；四轮次酒如不惑之年，酒体醇厚平和，既富有朝气又兼具稳重；五轮次酒好比知天命的年纪，从容淡定，香和味更加平

和丰满；六轮次酒如人生耳顺之年，以味道见长；七轮次酒犹如古稀之年，产量越来越少，酒体的焦香利于空杯留香。㊀

每一轮次取酒后，并非简单粗暴地将同一批酒合而为一。因为茅台酒出厂前要经过不同轮次酒的勾兑，所以每一轮次的新酒产生后，要先装入陶坛封存入库，经优秀的评酒师品尝，按"酱香""醇甜香""窖底香"三种酒体检验定级，分型入库。贮存一年后，要对它们进行"合并同类项"，同一等级的则抽到一个罐子内，将其搅匀再放回陶坛存放三年。

这一过程名为"盘勾"，也是勾兑茅台酒前的"小勾"。等这些基酒存够三年，勾兑大师将按照要求用一百多种不同年份、不同轮次的酒，勾兑出酱香突出、幽雅细腻、酒体醇厚、回味悠长、空杯留香持久的茅台佳酿。

八次摊晾

来到茅台制酒车间，只要不是太粗心的人都会注意到，车间休息室里整齐摆放着员工的鞋子。他们来到车间后，为了不污染摊晾在晾堂的酒醅，会第一时间将自己的鞋换下来。

摊晾是指酒醅出甑后，在晾堂均匀摊开、翻拌冷却的过程。制酒中重要的工序，如摊晾、拌曲、堆积发酵等，都是在晾堂进行操作的。

㊀ 摘自李铁和李慧超所写的《迷人的53°——茅台，一瓶酒的新年与出生》。

茅台在从重阳下沙到取酒这一年的生产周期内要经过八次摊晾、加曲发酵，这也是茅台酿造工艺的一大特点。在高温环境下进行的这八次摊晾、加曲发酵，其实是一个转化的过程。在微生物的作用下，酒醅发生有氧发酵，其中的淀粉糖化，而后经厌氧发酵转换为酒精。一般来说，一次发酵能将酒醅中8%～9%的碳水化合物转化为5%的酒精及其香味物质。

当行车将酒甑吊起，挪到用传统三合土制成的晾堂上，然后打开酒甑底部的开关，"轰"的一下，就像猛地掀开了蒸笼盖子一般，蒸气四散，已经蒸煮过的酒醅散落着地，垒成了一个不规则的小山坡。

摊晾开始了。一旁的员工手里分别拿着木锨和耙梳，蓄势待发。只见拿着木锨的员工将一把木锨铲进酒醅堆里，铲起一锨酒醅，拧腰一扬，酒醅就被抛起，如天女散花般纷纷散落在地。拿着耙梳的员工也不甘示弱，躬身拉动耙梳，将地上的酒醅梳开，把"纠结"成团的酒醅梳理松散。

他们认认真真、勤勤恳恳地干着，就像农民正在整理自己的田地，给休养了一个冬天的板结田地松土。在他们的努力下，晾堂上的酒醅均匀地铺开了，就像盖了一床天鹅绒。

关于晾堂操作，二车间十七班的酒师马崇刚有自己的见解。2001年，从小就常和亲戚来酒厂的他通过社招成为茅台的一员。他说自己没有别的追求，就是想酿好酒，并且这不是他一个人的事，而是全班组所有人的目标。任职酒师的马崇刚抓晾堂操作很严格，他常说新员工要理解他的苛刻，还不止一次告诫班组成员："要把堆子收圆，要覆盖均匀，否则来温不均匀，酒醅就不香。"如他一样的茅台人在晾堂操作中，总是精益求精，不敢有一丝懈怠。

酒醅要晾到什么时候？这需要因地制宜、因时制宜。不同的厂房，海拔不同、气温不同；同一厂房，靠近门窗的晾堂和厂房深处的晾堂，酒醅需要摊晾的时间不同；同一厂房同一晾堂，冬天跟夏天的酒醅降温速度不同。酿酒师会根据堆子的情况采取不同的工序节奏，在堆子降温快的时候尽快收堆。

滚烫的酒醅慢慢降下了温度，冷却到适宜的温度后就可以加入曲粉翻拌均匀。高温大曲是耐高温的细菌体系，但如果堆子温度过高，酵母菌难以接种，会影响后续的酿酒质量。这也是需要人工摊晾，使酒醅充分降温的原因。

茅台酒酿造需要用到大量曲粉，高粱总量和曲粉总量的比例大概是1∶0.9，即1公斤高粱就要消耗0.9公斤曲粉，100公斤高粱就要消耗90公斤曲粉。但这些曲粉并不是一次性加入高粱中的，而是在每次蒸煮过后分别加入，每次加入的量各不相同，大约是高粱的十分之一，由酒师把控。

拌曲前要把酒醅摊晾成只有两三厘米厚的薄层，员工需要不断地拿着木锨来回翻动，让酸味和温度释放。如果翻动不勤快，酒醅就会因为一直盖在晾堂上，表面水分和温度散不开，发酵失败。冬天需要把握次数，不能因为天气冷就不管它，同

样要把握温度快速进行翻动,这样才能发酵好;夏天处理堆子就要多打、多摊,让它尽快降温。

酒师会去感受酒醅的温度,直到他认为温度适宜,才可以在酒醅内加入曲粉搅拌均匀,再将酒醅收拢、集中,堆积成一个高1.7米左右的圆锥,每个轮次堆积时间不一样,长则十多天,短则三天。

将摊晾在晾堂的酒醅收拢、集中,是新入制酒车间的员工率先要学会的事情,是酿酒的基本功,也是一件知易行难的事。酒醅拌曲后逐渐开始糊化,会变得黏稠,就像一块半融化的糖粘在地上,扫起来非常费劲。初学者只有在修炼好基本功后,才能学到更高深的武功。

酒醅堆成堆子后,开始进行发酵。堆子从内而外开始发热,直到温度达到50℃左右。在这个过程中,酒醅一边糖化,一边发酵。在堆积发酵的过程中,酒醅会充分吸纳空气中的微生物,相当于是在"二次制曲"。在曲子和空气中微生物的共同作用下,酒醅会产生茅台酒特有的香气。

这就是茅台酒独创的高温发酵工序。与其他白酒摊晾加曲后立刻入窖发酵不同,茅台在摊晾加曲后要增加一步,在晾堂进行开放式堆积发酵工序后,才进行封闭式入窖发酵。

茅台酒要经历八轮发酵,每一轮的发酵都包含有氧发酵和无氧发酵两种。堆积发酵是有氧发酵,入窖发酵是无氧发酵,两者合称阴阳发酵。这是非常重要的工序,也是香气最重要的来源。

和摊晾时一样,在堆积发酵过程中酒师会随时注意堆子的情况。他们会不时地把手插进堆子中,感受堆子的温度、水分、黏度,了解酒醅的发酵情况,以便分析酒醅酸度、酒精含量、淀粉残留量等方面的变化,判断何时将酒醅铲入窖池进行封存。

发酵时间大致为一个星期,以酒醅的发酵情况为准。如果堆子的边缘也热起来了,则代表着发酵结束,酒醅将要进入窖池中。本轮次酒醅在进入窖池之前都要泼入上轮尾酒,使粮食发酵更加充分,加强产香。

泼入尾酒后,就该将酒醅铲入窖池中了。窖池与酿酒的质量紧密相关。它的通风性、尺寸规范、选材等都有一套严格的标准,按照这个标准建造出来的窖池才能生产出好的茅台酒。

茅台酒厂曾经有过三种窖池,分别为泥砌的泥巴窖、碎石砌的碎石窖,以及条石砌的条石窖。这些窖所用的材料不同,大小不一,容易影响茅台酒生产的稳定性。如泥巴窖难以掌控水分,碎石窖容易漏气。如今茅台酒生产使用的窖池统一采用条石砌成,长、宽、高都有统一的标准,既坚固耐用、不易漏气,又保证了容量统一,方便安排生产工作,有利于保障茅台酒产质量的稳定。

入窖时酿酒师会挖开堆子,填满窖池。酒醅入窖完成后,

为了隔离封窖泥和酒醅，以免酒醅带入异味，最后要在酒醅上方盖上一层谷壳，并用封窖黏土进行密封。大约一个月后，入窖发酵完成，取出酒醅拌入谷壳后直接上甑蒸煮，下沙时除外。下沙时，取出酒醅后要加入新的高粱再上甑蒸煮。

蒸煮取酒后，摊晾、加入曲子、收堆发酵、下窖……如此循环，周而复始。在整个制酒过程中，总共要进行八次摊晾。

酿酒就像在种庄稼，种庄稼要锄草、施肥、灌溉，辛苦一年才能有收成。酿酒也一样，要辛勤劳作，在不断操作中发现问题。酿酒很枯燥，每日仅仅麻木地重复劳作不能酿好酒，要开动脑筋，注意观察酒醅的情况，以此调整生产操作，才能稳定生产，酿出好酒。

九次蒸煮

固态发酵、固态蒸馏是指在酒醅的基础上进行发酵，直接蒸馏酒醅。以这种方式制成的白酒拥有与众不同的风味、香气，茅台便是其中的典型代表。与其他名白酒只需一两次或者四五次蒸馏不同，若想酿制出幽雅细腻、酒体丰满醇厚、回味悠长的茅台酒，同一批原料需要经过九次蒸馏。

九次蒸馏，也称九次蒸煮，指的是把阴阳两次发酵成熟的粮食放入蒸酒器中混蒸，约四五个小时，保证糊化柔熟。糊化指的是淀粉受热吸水膨胀的过程。以蒸煮的方式使酒醅糊化，使酒醅中的淀粉转化为糖类物质，从而加速酵母菌将糖类物质转化为酒精。同时，还能利用高温杀死杂菌，除去酒中的异味。

酒醅中的酒精、水、高级醇、酸类等有效成分会在蒸煮过程中蒸发为酒汽，冷凝后得到的液态便是白酒。在一年时间里，高粱会经历九次蒸煮，一次次将酒醅中的淀粉转化为酒精和其他有机物，在煎熬中产出醇美滋味。

入池发酵后，取出发酵后的酒醅，用打糟机打细，拌入谷壳，然后继续上甑蒸煮。上甑即原料或酒醅的装甑过程，是九次蒸煮中最关键的环节，要求工人技术熟练，做到疏松轻匀，见汽压汽。上甑技术直接关系到酒的产质量。

上甑的劳动强度非常大。一名上甑工人需要用半个小时左右上满一甑，而上满一甑需要高粱1 500斤。上甑需要做到轻、松、薄、匀、平、准。这几个操作要点非常考验工人平常工作的熟练程度，需要多加练习。比如薄可以让酒醅处于疏松状态，提高取酒的效率，所以工人在抬箢挥洒酒醅时必须注意手上的力道，要将一兜酒醅均匀地洒在甑内。

上甑后，不锈钢甑盖将酒醅遮掩得密不透风。不久，厂房里溢出缕缕蒸汽，热气从酒甑周围散开。酒醅在高温中糊化，其中蕴含的酒精化作蒸汽上升，进入冷却器中化作美酒。现在员工要做的是耐心等待，等待高温将美酒从酒醅中化出，等待取酒时丰收的喜悦。

有时，酒师还会根据酒醅的情况，进行"吊水"，即延长蒸

馏时间，给糟醅补充水分，让其进一步糊化。

茅台酒总共要经过九次蒸煮。前两次指的是在下沙和造沙时进行两轮蒸煮，时间约两个月。下沙和造沙的主要目的是淀粉糊化、堆积发酵，这两次蒸煮虽不进行取酒，对制酒来说却极为重要，为的是养精蓄锐，让后面的七次蒸煮能多取酒、取好酒。就如同休渔期只投鱼饵不捕鱼，"不捕"是为了来年"多捕"，给鱼儿一个生长周期。

除了下沙和造沙的其余轮次都会在蒸煮过后取酒。取过酒后，还需"敞酸"，即在下甑前利用蒸汽热量排出酒醅中的酸性气体，降低酸度。

九次蒸煮不断重复蒸馏取酒、下甑摊晾、加曲发酵、蒸馏取酒的过程，将一粒粒高粱中的精华提取出来。

据茅台酒厂一个制酒车间的主任说，茅台的香气来自一次次对高粱的蒸煮，扛住了高温蒸煮的酒醅则馏出了蕴含人生百味的玉液琼浆。九次蒸煮给茅台带来了滴滴香醇，也为后续的取酒、勾兑提供了广阔的空间。

十个独特工艺

走在茅台酒厂，你会发现所有出入都被严格管理，职位并不能成为通行证，领导与员工一视同仁。若在茅台酒厂待的时间久一点，就会有惊人发现，那位头发花白的老爷子，始终是自由的，他双手背在身后，面前的路从无阻拦，沿途的茅台人几乎没有不认得他的，纷纷低头致敬："季老好。"

他是季克良，是与茅台风雨同舟五十多年的老厂长，一生匠心尽付了这片土地。世人都知茅台酒有区别于其他酒的十大工艺特点——一年一个生产周期，两次投料，三种典型体，制曲四十天高温发酵，五月端午踩曲，存曲近六个月，七次取酒，八次摊晾，九次蒸煮，此外还有十个独特工艺。

这些理论成果是四十多年前（1979年），季克良通过长期实验与思考发表的《增产酱香酒的十条经验》论文中，对茅台酒的工艺特点进行的总结。前面的一到九分别代表了茅台酒工艺的核心亮点，最后的十个独特工艺便是对它们的概述与总结，指三高、三低、三多与一少。

三高是高温制曲、高温发酵、高温馏酒，三低是酒醅水分低、曲子糖化率低、粮食出酒率低，三多是轮次多、用曲量多、粮耗多，一少是辅料少。

茅台酒的酱香味与当地的气候环境息息相关，夏季的高温天气与在河谷中兜兜转转的微风都是高温制曲的关键。传统的端午制曲已经在时代的发展下有所改进，在科技的干预下，制曲工人们尽可能地还原端午时的制曲环境，力求制作与端午曲块相同品质的好曲。

制曲车间常年保持高温，尤其是在夏季，最高温度可达40℃。这样的高温环境是微生物的天堂，能让它们保持活跃

度，使其快速生长繁衍。微生物混入曲块后，快速生长、繁衍，分泌出大量的酶，将淀粉、蛋白质等转化为糖分。当曲块制作完毕入仓发酵时，需让其温度上升至60℃以上，发酵40天左右才算合格。经过这番磨砺的曲块中有大量耐高温细菌存活，即便接下来将要经历高温堆积与高温馏酒，也无须担心它们的活力下降。

为了保持高温的环境，在曲块发酵时，工人们会增加保温材料，用稻草将它们团团围住。相较于其他香型的白酒大曲制作，茅台会在同样面积的曲房中增加曲块数量，让它们紧密挨着，且要重复堆放四五层，避免迅速散热。

高温发酵一方面是指曲块要发酵40天，其间最高品温可达60℃；另一方面是指酿酒从下沙到结束一个生产周期，酒醅要经过八次加曲发酵，即酒师们口中的"阳发酵"，亦是在高温环境下进行操作的。

在长达40天的高温淬炼中，大曲中积累的香味物质将实现转化，再次发生褐变反应（酶促的和非酶促的），同时搭配化学、生物化学的反应，产生不同的香味物质，形成酱香或酱香的前体物质。

酒醅堆积发酵的时间随季节变化而不同，夏季温度高，需要的时间短，冬季温度低，需要的时间长，需要酒师把握尺度。酒醅在发酵的这几天将网罗、富集更多的微生物以促进酒精的生成，并促进淀粉酶解为可发酵性糖，助力蛋白质酶解为氨基酸。

发酵完成的酒醅从窖内起出，被制酒工人拌上谷壳，一筐一筐地抬上甑子，利用高温蒸馏出不同轮次的新酒。这一过程会产生一些令酒带有暴辣、冲鼻和刺激性等特点的醛类和硫化物等有害物质。一般处理这些物质都是通过延长贮存时间来实现的，等待酒液自身发生氧化还原和酯化等化学反应，剔除这些低沸点物质。

除了延长贮存期限，茅台酒的高温馏酒工艺同样可以做到去杂质。不同的物质沸点不同，在蒸馏过程中，酒液中一些具有较大刺激性的有害物质沸点较低，率先挥发；一些香味物质和有益成分沸点较高，不易挥发，被留了下来，成就了茅台酒刺激小、不上头、不辣喉、不烧心的特点。

三高之后便是三低，分别为酒醅水分低、曲子糖化率低、粮食出酒率低。茅台酒只有在下沙造沙时会用水润粮，投料时的水分占比约40%。茅台的曲块为高温大曲，与中、低温大曲高糖化率不同，高温大曲更侧重生香，糖化率远远低于中温大曲。通常中温大曲的糖化率可达 700～1000mg/g·h，而茅台高温大曲的糖化率只有 100～300mg/g·h。[一]

俗话说"酒是粮食精"，茅台一直秉承在取酒过程中不再加水的传统，酒液全部来自粮食，因此它的出酒率并不高，只有

[一] 摘自吴燕妮的《季克良：用茅台工艺传承道家文化——吴燕妮与酒神季克良的高维智慧对话（三十一）》。

20%，平均五斤粮食才出一斤酒。

三多指轮次多、用曲量多、粮耗多。轮次多是茅台酒众所周知的特点，一年的生产周期中，上甑、摊晾、堆积发酵、入窖发酵等整套工艺要循环八九次，共取七次酒。每一次上甑前，酒醅都要拌曲，算下来曲子的用量极大，几乎占到原料的85%以上，是所有蒸馏酒中用曲量最大的。茅台的高温大曲既是酿酒的糖化发酵剂，也是茅台酒的原料之一，茅台酒的酱香很大一部分便来自曲香。通常要生产一斤浓香型白酒，仅需要两斤粮食，而茅台酒由于出酒率较低，所以需要更多的粮食。粮食投入增多，同一体积内的香气和香味物质含量也更多，便成就了茅台酒酒体丰满的美名。

最后一个特点是辅料少，茅台酒的辅料只有新鲜、干燥、无霉烂的谷壳，除了具备一般辅料的作用，由于茅台酒的酒醅需反复蒸煮取酒，在上甑前加入质地坚硬的谷壳，可以减少酒醅之间互相粘连，帮助溶氧、发酵。因谷壳中含有多缩戊糖、果胶质和硅酸盐等成分，会影响酒质，茅台会严格控制谷壳的用量，并在使用的前一天晚上进行高温清蒸处理，以减少有害物质。

用工不计繁复

原料之纯：水、曲、沙

一杯茅台酒，细品回味悠长，它穿越了五年的时光，经历了一千八百多个日夜，终于被传递到消费者手中。有人好奇这一杯酒的奇妙旅程，渴望能从慢慢回甘中尝到高粱的香、小麦的醇与赤水河的冽。

茅台酒是传承自农耕社会的工艺结晶，它的每一种原料都与土地有着紧密联系，每一道工序里都蕴含着茅台人的手艺与匠心。高粱从播种到成熟，小麦渐渐有了麦芒，赤水河由浑转清，原料之纯不仅是天赐，也是每一代茅台人守护的结果。

水、曲、沙，作为茅台酒的本源，在它们融为一体前，茅台人的"用工不计繁复"已经在它们身上展现得淋漓尽致。

茅台酒的水来自赤水河，这是一条有着自己脾性的河流，

它的颜色应时而变,每逢雨季就裹挟两岸泥沙变为赤红色,一到重阳时节就会恢复纯净本色,而这时才是酿酒用水的最佳时段。

河水不停冲刷两岸,土壤中不少对人体有益的微量元素溶入水中,就连中科院土壤专家实地考察后都说,茅台镇这种紫色钙质土壤是茅台酒生产的重要基础。[一]

几十年前,茅台人就意识到赤水河对于酿造茅台酒的重要性,他们尽自己所能守护着这条母亲河。如今非雨季的赤水河碧波荡漾,裸露的河床很宽,水流潺潺,沿岸的生态环境自然灵秀,几乎看不到垃圾。事实上,赤水河也的确是国内唯一一条没有被开发、被污染、被筑坝蓄水的长江支流。[二]

1972年,国家领导强调,茅台酒厂上游100公里内,不允许因工矿建设影响酿酒用水,更不能建化工厂。茅台人几十年来始终坚持贯彻这一原则,维护赤水河的生态环境,保证河水清甜爽口。

知行合一,多年来茅台集团投入了无数人力、物力、财力保护赤水河流域的生态环境。但企业的力量微薄,为了实现赤水河上游无工厂、不采矿的愿景,茅台与仁怀市合作,建设"赤水河流域水土保持暨生物多样性功能国家级保护区"。此外,仁怀市也高度重视赤水河这条母亲河、美酒河的未来,出

[一] 摘自王叔坤的《2000余名世界各地茅台迷过"茅粉节"》。
[二] 摘自杨杰、李翀、王林的《赤水河何以成为美酒河》。

台相关政策控制该流域内人口及非环保型经济的增长速度，保证水土不流失，保证水资源不枯竭、不断流，保证赤水河流域的生物资源多样性功能不丧失。

2020年，茅台集团联合该流域内众多优秀酒企，共同签署了《世界酱香型白酒核心产区企业共同发展宣言》，向大众宣告："凡本产区企业，无论身处何地，均有责任珍惜并保护赤水河流域自然环境，尤其是保持水域特殊多元的生态系统，倡导绿色生产与低碳循环，提升治污能力和资源综合利用率，共同维护产区公共卫生，令其避免因工业化进程而受污染或破坏，为本产区的可持续发展保驾护航。"[一] 茅台承诺，会竭力保护水源、土壤、气候、微生物、生态链等自然环境，努力实现零污染、低排放，以实际行动助力生态和谐。

茅台人对于赤水河的感情非同一般，找任意一位员工，问他为何要保护赤水河，他都会告诉你，赤水河就是茅台酒的生命，他们将破坏赤水河的人视作千古罪人。酿酒过程会产生大量污水，茅台人一直严于律己，他们投资近5亿元修建了5座污水处理厂，设置了比国家行业标准更为严苛的污水排放标准，力求减轻赤水河的负担。为了绿色酿酒，厂区的员工钻研多年，设计了循环水项目，大大提高了水资源的利用率。

茅台费心、费时、费力地保护赤水河，不只是为了保证原

[一] 摘自贵州茅台官方账号《官宣！世界酱香型白酒核心产区企业共同发展宣言全文》。

料之纯，也是为了酿酒的世代延续，为了茅台镇的长足发展。

除了在茅台酒厂旁日夜奔腾的赤水河，茅台人的心思也要分出一些给小麦。多年奔走在一线的梁宗保，曾为茅台酒的原料操碎了心。

21世纪初，小麦是茅台的薄弱环节，由于仁怀周边基本没有种植小麦，茅台制曲的小麦多来自外省，如安徽、河南、湖北等地。为了考察制曲原料的质量，确保能长期稳定供应，梁宗保带着原料基地办的团队亲自前往这些地方考察。

"我们做原料就是看天吃饭，只要天一变，我们的原料保障就受到威胁。"这是梁宗保在茅台多年工作的经验，他深知小麦的供应影响的是曲块的质量，而曲块又将直接关乎茅台酒的品质。

2010年，他就向茅台作了《关于建立自主产权原料贮备库》的专题报告。从那时起，茅台酒产量提升，所需原料一年比一年多，条件也一年比一年高。以前，茅台的原料都由粮食局供应，自己没有储备，按照标准收粮就会经常出现各种意外情况，甚至停供。

为此，茅台人一致认为很有必要为原料提供强大的后勤保障，但当时由于种种原因并未落到实处，直到后来才正式建立茅台物资供应商管理系统。这么多年，为了原料奔走各地的员工不计其数，他们只求能为茅台制曲找到最好的小麦。

如今，茅台的组织结构中有这样一个部门——物资供应中心，专门负责茅台酒的原料采购、筛选与检测。在小麦与高粱进入车间前，都要抽样送到原辅料检测室，从田间环境查起，包括收储的质量把关，以及食品安全与理化指标的检测，环环相扣，绝不放松。物资供应中心通过建立"质量优先、成本协同"的采购机制，使用质量反馈和追溯机制，强化源头管理和质量跟踪，提高采购管理水平。

红缨子高粱是茅台酒的灵魂，由于只能选用赤水河流域种植的高粱，茅台人开始探究，他们需要做什么才能保证高粱之纯，让茅台酒的品质始终如一。早在2007年，茅台就成立了原料基地办，主要为茅台的有机高粱做规划。

这是一个从无到有的部门，也是茅台高粱基地从无到有的背后力量。这些辛勤的茅台人顶着烈日在外调研，寻找可以合作的高粱种植基地。

功夫不负有心人，习水、金沙和仁怀不少农户与茅台达成合作。当时执行"公司+农户+政府"制，由政府进行监管，实现订单农业。每年高粱播种前，茅台将预估当年对原料的需求量，再综合三个基地平时的生产量，将计划分配下去。前期需要多少种子，多少肥料，有多少订单，这些都是他们需要确定的。

仅有基地还不够，原料基地办的工作人员还要前去核查种植面积，防止农户以为土地多拿到的种子就多而虚报土地面

积，抢占份额。没有经验可供借鉴，他们只能自己摸索，利用GPS对种植基地的全部面积进行核查，绘成图，一一进行标注，将每一个区域的边界划分清楚，之后就用这些图检查，避免谎报。

一直以来，茅台将酒用高粱的原产地称作"茅台酒第一车间"。为了追求质量，茅台聚焦重要战略资源，建立战略供应商培育制度，实施供应商"白名单、黑名单"管理机制，对高粱的种植、收购始终保持高标准、高要求。原料品质创新也是茅台不曾忽视的一个环节，比如，努力试着培育新一代原料品种、不断强化原料管理制度等。

来到风景秀丽的长岗镇茅坡村，目之所及都是已经成熟的高粱，在地里摇曳。茅坡村是茅台酒用高粱标准化示范基地之一，得益于适宜的气候，2021年是这个村的高粱丰收年，全村共种植了4 782亩酒用高粱，预计一家就可采收一万多斤高粱，收入5万元左右。

贮存四年：构皮纸和陶坛

阴凉干燥的巨大库房中，一坛坛沉甸甸的茅台酒整齐摆放着，它们上覆构皮纸，像是戴着军帽的士兵在列队，一直延伸到库房尽头。浓郁的酒香弥漫在空气中，沁人心脾。这里，是茅台的酒库。

从制酒车间运出来的基酒并不能直接包装售卖,而是需要经过长期贮存。从生产到包装出厂,一瓶茅台酒至少要经历五年的漫长时光。这五年时光带来的,是茅台酒的老熟,是茅台酒的醇美滋味。

茅台的新酒库里,一个个排列整齐的酒坛上贴着标签,上面注明了该坛酒的生产时间、生产班次、轮次、香型等信息。酿酒车间生产的一至七轮次酒入库都会进行分型定级,而后进行贮存,方便后续的勾兑工作。

新酒入库一年后,勾贮车间的工人就要进行"盘勾"工作,即按照酒坛上的标签,将同一香型、同一等级的酒混合在一起,搅拌均匀。盘勾过后,又是两年的封存,才能进行"以酒勾酒",以一百多种基酒调和出经典的"茅台味"。这还不够,还要再经历半年以上的贮存,才能灌装入瓶、包装出厂。茅台酒的一生,大部分时间都被封存在陶坛里。勾贮车间的工人们每日都会来照看这些封存在陶坛中的宝贝,擦拭陶坛表面,一一检查陶坛的密封情况,防止渗漏。

存酒用的陶坛和扎坛用的构皮纸是茅台酒的贮存中必不可少的物品。

不同于贮存葡萄酒或者白兰地的橡木桶,也不同于现代食品工业常使用的不锈钢罐体,茅台存酒用的酒坛都是陶土烧制的。这种陶坛壁厚度在2厘米左右,胚胎结构比较粗糙,周身存在许多微小的气孔,吸水率大,透气性好,陶坛里的酒能"自

由呼吸",吸收外界的氧气和微生物,进行氧化、酯化、还原反应,排出硫化物等易挥发的有害物质,从而达到越陈越香的效果。且陶坛不透光、导热慢的特性又避免了酒与光发生化学反应,能使酒处于温度相对恒定的环境中。用陶坛贮存,能使茅台酒产生令人感到幽雅舒适的"老酒味",因而陶坛是贮存茅台酒的最佳容器。

但是,用陶坛贮存会不可避免地存在渗漏和挥发现象,损耗大、成本高。哪怕后来茅台所使用的陶坛经过千挑万选,依然存在渗漏现象。尽管如此,为了得到品质更好的酒,茅台一直坚持使用陶坛贮存,并精益求精,不断进行陶坛的更新迭代。

茅台酒厂建厂初期,全厂使用本地生产的陶瓷土坛存酒。仁怀本地有制陶的传统。清朝中、晚期,仁怀的制陶师傅多为四川籍,如在二合开设窑场的雍三顺、余四右等人,还有利用水车带动春料制作酒坛的四川人谢海棠。谢海棠窑场烧造的酒坛渗漏少,利于醇化酒质,因而畅销茅台镇。

中华人民共和国成立后,国营茅台酒厂接管了由谢海棠窑场改建的丁家碗厂,在二合镇成立国营茅台酒厂制瓶分厂,专门为茅台酒厂生产贮酒坛和酒瓶。但因技术落后,所产的坛子两头小、中间大,存在稳定性差、倒酒不方便、渗漏较多等问题。因此茅台酒厂于1973年改用底部大、口径大、放置稳当的江苏宜兴陶瓷坛。但这种陶瓷坛仍存在酒损率高的问题。于是茅台酒厂又四处搜寻,终于找到了四川泸州和隆昌生产的大口陶瓷坛。

四川省隆昌坛至今已有600多年历史，其制作技艺是四川省省级非物质文化遗产，隆昌坛也是进入国家地理标志产品保护目录的隆昌市地理标志产品。四川省隆昌坛经久耐用、透气性好、渗漏率低，被作为茅台酒指定储酒缸。

存酒时，将酒液注入陶坛后，需要对陶坛进行封口。扎坛是每个勾贮工必须具备的技能，对速度和力度的要求非常高。在收新酒的库房，每名勾贮工每天需要封扎大约100个酒坛。封坛时先是在陶坛坛口覆盖一张构皮纸，再在纸面上盖上一层食品级薄膜。纸和薄膜都覆盖整齐后，以麻线绞住坛口，进行捆扎封边，以避免灰尘等异物落入陶坛中，污染酒液。

这样的封坛方式，在茅台已有50多年的历史，是茅台生产环节中众多工艺的一种，体现了茅台酒厂在每个细节追求极致的精神。而不管多熟练的工人，每一次捆扎里层皮纸时都需要非常小心，避免弄破皮纸。配合陶坛使用的构皮纸是贵州西部山区生产的一种纸，俗称"白皮纸""白棉纸"，以当地盛产的构皮树为原料制作，具有极佳的透气性、密封性和柔韧性，轻薄不易撕裂，且不携带任何有害物质，不会给酒体带来影响。

2010年前后，原先给茅台供应构皮纸的当地纸厂停产，茅台的技术和质量部门花费六个月的时间跑遍全国，到处寻找替代品。他们一次次到厂家查看样品、评估样品、测试生产、对纸张进行质量检测，不厌其烦，没有丝毫马虎敷衍。最终，找到了新的合适的构皮纸。

从对一个陶坛、一张纸的选择，我们可以看到茅台创造产品奇迹的原因——在生产各个环节中都追求精益求精。这种严苛要求的做法耗费巨大，看似很笨，却处处显示出茅台对保障产品的品质和安全的执着，这也是茅台出好酒的关键。

复杂勾兑：一百余种基酒的天人合一

来到茅台勾兑生产中心大楼前，最先看到的是屋顶上的一幅标语："传承世代匠心，用心科学勾兑"。

勾兑生产中心大楼是茅台酒生产中的核心，也是整个茅台酒厂最神秘的地方，戒备森严，进出都要经过严格的安检。一坛坛基酒样品被运送到这里，严格按照酒体设计方案勾兑好后，被运送回陶坛中贮存。

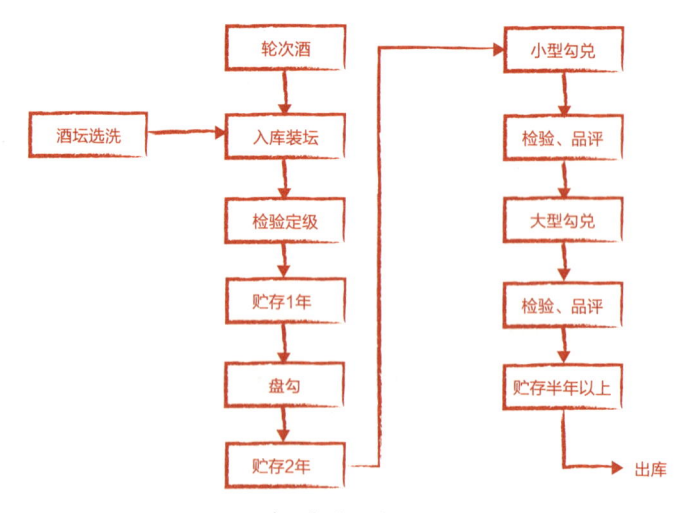

贮存、勾兑工艺流程图

勾兑是白酒生产的"灵魂工序",历来有"七分酒,三分勾"的说法。正如一千个读者眼中有一千个哈姆雷特,一千个酒师能酿出一千份风格大致统一却存在微妙区别的茅台酒。茅台酒的酿造存在众多变量,润粮的温度、水分、制酒时的天气、工人的操作细节等,都会对生产出来的酒造成影响,使风格、质量等存在一定差别。

但没有一位消费者能接受自己买到的酒质量忽高忽低,口感千奇百怪。而保证出厂的酒质量统一、风格统一,关键就在于勾兑。

与一般企业采用"调味酒"的方式不同,茅台以原酒勾原酒的方式,调和酒的质量和风格,使之达到统一的标准,以保证每个人喝到的茅台酒味道相同。

茅台是典型的"固态纯粮发酵原酒勾原酒",采用酒勾兑酒的方式,在100种以上不同基酒的基础上进行勾兑,在整个勾兑过程中完全不添加除了基酒的任何物质,包括水在内,以此保证茅台酒纯天然的特点,保持茅台酒"酱香突出、幽雅细腻"的独特风格。

茅台是白酒行业勾兑技术的先行者,其勾兑水平亦处于白酒行业领先位置,自有独到之处。茅台勾兑时使用的基酒种类、样数都是行业内最多的。茅台基酒根据轮次、香型、酒龄等方面的不同,可演变出100多种基酒酒样。茅台酒的勾兑靠这100多种基酒进行合理的搭配组合,在勾兑师的高超技艺下,最

终调出酱香突出的典型风格，成品酒酒精浓度稳定在53%。

茅台勾兑师们进行勾兑的最大底气是茅台酒庞大的基酒库存。陈年老酒在勾兑中至关重要，是茅台酒口味的保证。在茅台酒销量大幅度增加的情况下，陈年老酒越来越稀缺。手握大量不同年份的老酒，茅台勾兑师们如同坐拥宝山。

茅台的先辈们早有先见之明，一直坚持贮存老酒，给10年后、20年后、30年后甚至更久远的后人留下勾兑的宝藏。一般说来，每年生产的茅台酒，并不会在五年后全部出厂销售，而是会留存大概四分之一的量作为勾兑储备用酒。茅台勾兑师们便是在这些老酒的基础上，凭借自己高超的技艺，勾兑出酱香浓郁、幽雅细腻的茅台酒。

勾贮车间勾调中心和制酒、制曲车间不同，没有众人一同卖力干活的热火朝天，而是一副安静冷清的样子，只能偶尔听到酒杯碰撞发出的轻微叮当声，很少能听到有人大声喧哗。勾兑非常考验勾兑师的感官灵敏度和技巧，需要一个安静的环境让他们专注地感受茅台的色、香、味，思考如何搭配出最佳的勾兑方案。这里的工作人员就算是说话，都会压低了声音，尽量避免打扰到其他人。

勾贮车间里，勾兑师们身穿白色工作服，就像实验室里的科研人员。他们也如科研人员一般，面前摆了无数个量杯，手边放着纸笔，面前还配置有电脑——100余个基酒样品的感官特征被仔细记录，而不同配比的样品组合，也会在仔细品尝后被登记在册。他们一一品评着量杯中基酒的色、香、味，不时在纸上写写画画或者在电脑面前敲敲打打，记录自己对基酒的感受和偶尔的灵光一现。

勾兑并没有统一的标准，只有一个大致的原则——两头少，中间多，即以轮次酒的中间部分为勾兑主体，少用酒头、酒尾。其余全凭勾兑师多年来的经验、直觉和灵感。

其中一名勾兑师似乎有了灵感，正尝试着勾兑出一个小样来。他取出一个15毫升容量的不锈钢量杯，分别量取确定量的基酒，倒入烧杯中调匀。小样调好后倒入品酒杯中。他需要对自己调出来的小样进行品评，判断是否合格，如何能改进得更好。大多数时候，勾兑并不能一气呵成，而是需要反复比较、反复分析，经过不断调试，才能确定最终的勾兑方案。这个过程通常会耗费1～2个月的时间。

茅台基酒分型定级

这就是茅台酒勾兑流程中的小勾（小型勾兑）。茅台酒勾兑流程大致分为"盘勾""小勾""大勾"三道标准工序。

新酒入库，需要经过检验品评鉴定香型、划分等级，装入容量为几百升的大酒坛内，酒坛上贴着注明该坛酒的生产时间、生产班组、生产轮次、香型等信息的标签。贮存一年后，按照标签上的信息将同一香型、同一等级的酒混合、搅拌均匀，即"盘勾"。

盘勾两年后，即新酒贮存满三年时，按照茅台酒口感、质量的要求，选定酒样再次鉴定酒的品质，以酒质好坏来决定用酒的数量，而后按照大批量勾兑用量等比例缩小，取样选定，进行小型勾兑。一般来说，在勾兑中，醇甜、酱香、陈年老酒、特殊香等香型的基酒各占一定比例。

小型勾兑时要充分了解茅台各基酒的风格特点、口感，扬长避短，使勾兑出来的样品尽可能接近茅台酒出厂的标准风格。小型勾兑非常复杂，却是个必需的环节。如果没有进行小型勾兑，直接进行大型勾兑，一旦勾兑失败，就会造成巨大损失。小型勾兑失败，最多损失样品，对后续勾兑影响不大。勾兑过程中，需要进行小样调和记录，加增陈年老酒记录。确定勾兑方案，勾兑出适合的样品后，将样品摇匀，放置一个月。这一个月的时间是在测试小样的稳定性。小样放置一个月后需要送到检验科检验、复审，与标准样酒对照，看质量有没有发生变化。

经检验确认没有问题后，勾兑方案还要再次送去评审，评审确认方案成功后才能进行大批量勾兑。为了确保不同的勾兑师能勾兑出口感一致的合格产品，每次在开展大型勾兑前，茅台都会对勾兑小样进行层层评审。勾贮车间内部会先对样品进行三次评审，三次评审会选择不同的时间点，以确保样品质量的稳定性。

评审成功后，根据勾兑方案，按照小型勾兑的比例，增加各种酒的数量，将之调和，混为一体，勾兑成型，即大型（大批量）勾兑。

大型勾兑好基础酒后，选出适当的调味酒，进行细致的调味，主要调整基础酒的芳香、醇厚，并增甜、压糊、压涩，改进辣味等。

勾兑成型后，还需再与标准样酒对照，将勾兑好的符合茅台酒质量要求的酒密封贮存。至少半年后，将勾兑好的酒送到检验科检验，看勾兑好的酒有没有产生变化，有没有达到出厂酒的标准。检验合格后便可送包装车间包装出厂。

对勾贮车间的工作人员而言，茅台对品质的高要求，就是他们对工作的高要求。大型勾兑班班长任小龙介绍说，勾兑生产中心的任务就是100%精准复制勾兑师们的酒体设计方案，这里每年进出数万吨酒，一直保证零差错率。工作日复一日，并非简单地重复。

精细的包装：有温度的红丝带

坐在快速行驶的车上，茅台酒厂的司机小岿为我们打开车窗，让凉爽的风吹散车内的闷热。他笑着说："去了包装车间一定要好好看看拴红丝带的步骤，那可是我们茅台的特色。"

说话间车辆已经在厂区内转了无数个弯，穿越几个制酒厂房，终于来到茅台的包装车间。眼前的这栋占地6万多平方米的建筑物，又有"液体美容院"之称，是茅台酒最后一个生产环节所在地。

不出所料，进入包装车间参观需要经过严格的身份核实，并换上白色的无菌工作服，由工作人员带领，从参观通道进入，进门前连脚底都进行了消毒。车间的工作人员面带笑容，不厌其烦地为来客讲解他们的工作。

包装车间的第一步是上瓶，顾名思义就是将白色的透光玻璃瓶放置到传送带上，同时还要检查瓶身是否有损坏。这种白色的透光玻璃瓶来历讲究，是经过多年市场选择的最终结果。在1956年以前，茅台酒使用的是"三节瓶"，即当地生产的造型上为三节圆形桶状的土陶瓷瓶。

但是这种酒瓶的密封性不好，各地都反映茅台酒瓶渗漏严重，建议使用乳白色玻璃瓶，当时的国家轻工业部便要求有关部门试制新型酒瓶。在从江西景德镇特聘的两位八级技师的协助下，经过一系列实验，一种减少了渗漏，但外形并不美观的酒瓶被研制了出来。因外形问题，茅台酒依然使用最初的土陶瓷瓶，没有采用新研制的酒瓶。

1966年3月，时任厂长的刘同清与时任技术员的季克良一同参加了轻工业部召开的出口酒工作会议，决定将茅台酒的陶瓷瓶改为螺旋口的白玻璃瓶，采用塑料螺旋盖。四个月后，轻工业部作出决定，无论内销外销，茅台酒一律采用乳白色玻璃瓶，瓶盖改用红色塑料螺旋盖，即现在的模样。

三十只酒瓶被密封在一只纸盒托盘内，工作人员称，当初供应商并没有放置纸盒托盘，导致酒瓶到达车间磕坏了不少，他们虽是普通员工，但茅台的质量担子就在他们肩上，于是便主动向上级反映，与供应商商量改进酒瓶的包装方法，才有了现在的模样。

传送带上的酒瓶被一个个送进预洗瓶的机器中，它们表面被压强不小于0.5帕的水流冲击，二十秒后才传入洗瓶机器中。洗瓶时会向内灌入三分之二的水，压强与预洗瓶一致，用以去除酒瓶内的杂质，清洗内部。

经过清洗的酒瓶被传送至沥干机，一只一只被挂到机械桩上，经过螺旋式的沥干程序，瓶内用以清洗的水已经被放干净。但这还不够，沥干机将保持每个酒瓶倒立五分钟，直到五分钟内下落的水滴少于三滴才算合格。

上瓶、预洗瓶、洗瓶都在一个区域，而从酒瓶被沥干起，眼睛所能捕捉到的酒瓶将瞬间减少为一瓶。它们排着队，仅有

一条传送带载着它们，通过一块高大的隔板，运往另一区域。

来到隔板背后，才发现那里坐着一位全神贯注的工作人员，双手撑在大腿上，身子前倾，头低垂，眼睛对着瓶口，一言不发地伸手从中挑出一只酒瓶搁在身旁，眼睛则始终没有离开传送带上的酒瓶。

"这是灯检，咱们这个茅台酒瓶是透光玻璃，下面有灯亮着，每只酒瓶通过时，我们的工作人员就可以看到瓶内是否有杂质，瓶身是否清洗干净，酒瓶是否有损坏，有无黑色颗粒。"讲解包装环节的是已在茅台工作20年，扎根包装车间近10年的刘世钊。他以中专学历来到茅台，受惠于公司的人才举措，免费到贵州大学脱产学习工商管理。毕业后，刘世钊回归茅台，先后在不同车间、部门任职，始终尽职尽责。

检验合格的酒瓶通过灌装机时，会被灌入经过"定量+称重"双重监控的茅台酒。茅台酒的容量在不同温度下，规格也有所变化，冬季为500毫升，夏季为503毫升，秋季为502毫升，误差只允许在5毫升之内。

装有茅台酒的酒瓶将再次经过灯检，一是检查酒的清洁度，二是检查瓶身是否合乎标准，三是检验剂量是否有短缺或者空瓶。

这一切工作都是在传送带上进行的，需要包装工人有一双火眼金睛，既不耽误流程，又能挑出不合格的产品。灌装完茅台酒的瓶身将进行压盖处理，盖内有两颗神奇的珠子，它们只允许酒液倒出，不允许倒灌，防止不法分子利用茅台酒的空瓶坑蒙拐骗。

为了让贴标更紧实、不滑脱，装有酒液的瓶子要先烘干，再利用机器进行贴标。标签分正标与背标，两标间的空隙要均匀，即便一边宽一边窄，误差也不能大于四毫米。

贴标后的茅台酒传送至一名包装工人面前，再次接受检验，标签是否有褶皱，有无气泡，两边的间隙是否合乎标准，这些都只靠一双眼睛来判断。

经过"落寞"的前期包装环节，一瓶瓶茅台酒终于来到热闹的拴红丝带区域。传送带两边分坐着一个班组的拴红丝带女工，她们身着统一的白色工作服，双手不停从传送带上拿取酒瓶，拴好红丝带后又将它们放回传送带。

立在一边仔细观察，就会有惊人的发现：她们每人每分钟居然可以拴十四瓶。拴红丝带看似十分简单，实际共有十个步骤，且每步要一次到位，没有重做的机会。

传送带两边扩展出一小片区域，印有她们工号的红丝带静静放置在身前，女工们的手肘始终缩放在身侧，单手迅速地在丝带上一"抹"，丝带就被捏在手里，一刻不停地践行十个步骤：一拧、二套、三结、四齐、五穿、六紧、七拴、八叠、九直、十对。

一拧是将红丝带中段搓捻为细绳状，二套即将绳状部位

套在瓶颈处，三结即将两边丝带打结一次，四齐即确保打结后的两条丝带下垂两端对齐，五穿即将对齐后的丝带反向盖过瓶盖，从背后的绳状处穿过，六紧即将瓶颈处已经松开的结拉紧，七拴则是确保即将穿过的两条红丝带被绳状处牢牢拴住，八叠是将两条红丝带重叠，九直是确保垂下的红丝带直立端正，十对则要求红丝带正对标签上"贵州茅台酒"的"茅"字。

红丝带是中国红的颜色，也是女工们的心血，每一条丝带上都印有她们的工号。拴有红丝带的茅台酒是一瓶有温度的酒，消费者能从红丝带中感受到从茅台包装车间传递出的温暖。

一个班组为十三个人，她们拴丝带的速度依然跟不上传送带，但接下来的工序就是为瓶盖套胶帽了，绝不能放走一瓶没有系红丝带的酒，因此她们都自觉地一边拴一边将多余的酒瓶拿到身旁放着，保证从该区域通过的都是拴好红丝带的酒瓶。

在机器为瓶盖套上内有防伪芯片的胶帽前，将有人再次检验拴红丝带的成果，不合格的产品会被拎出来。套上胶帽的酒瓶将经过一个设备，在高温环境下胶帽收缩，正好将瓶颈处的红丝带包裹在内。

传送带一刻不停，这些工序也一个接一个地进行，就像刘世钊感叹的那般："在茅台的包装车间工作，需要有一双火眼金睛，这里的工序环环相扣，上道工序为下道工序服务，下道工序为上道工序把关。"

一瓶瓶茅台酒经过对位机,被摆放成一致朝向。对位机旁坐着一位工作人员,她面前是茅台酒的正面,她要检查胶帽上的厂徽是否对准正标,喷码是否压在合缝线上,红丝带的位置有无偏移等。

当这些工序都结束了,传送带的尽头,本该是摆酒环节的地方是一条机械臂。按照设定,机械臂每次可抓取45瓶茅台酒,一小时内可以完成7 500瓶茅台酒的下线摆酒。有了机械臂,员工们就不必辛苦地弯腰摆酒了,极大地提高了工作效率。机械臂约在2018年10月才投入使用,投入使用的时间不长,但它是茅台酒生产车间机械化、智慧化的一个缩影。

茅台酒装箱场景

单瓶包装好的茅台酒，被机械臂摆放在小推车上，由工人推往外包装区域。当日所需的彩盒、纸箱早已被保管员从仓库领来，由每个班组的副班长分发给员工，每人定额，装完为止。

茅台酒的外包装有自己的独特风格，极具标识力，能在众多五花八门的同类商品中脱颖而出，让人一眼就看到。小推车上摆放着满满的茅台酒，酒上平放着和酒瓶数量一致的彩盒和塑料袋，负责装盒的女工各自坐在一旁，专心致志地忙碌着。

早期，茅台酒的外包装一直使用按仁怀当地古法制作的一种棉纸。一是棉纸松软，可以防止酒瓶碎裂；二是棉纸摩擦力小，可以保护商标完整不模糊；三是棉纸轻薄透气，质感更好，更迎合消费者的购买心理。

据《中国贵州茅台酒厂有限责任公司志》记载："1976年茅台酒厂接中国粮油进出口总公司贵州分公司通知，同意外销茅台酒包装，瓶外皮纸取消，改用彩印纸盒，瓶口外挂吊牌，吊牌用圆形、红色丝带系结。"这是茅台酒包装的一次革新。

改革后的茅台酒外包装更加符合中国消费者的购买欲。装酒的盒子依然是彩色的，却不是长方体而是六面体造型，盒子上的图案明快大方，茅台的标识格外显眼。"贵州茅台酒"几个黑色的大字搭配白色的底，色差明显，让人眼前一亮。此外，彩盒上还有中国人喜欢的中国红及象征富丽堂皇的金黄色，足与销售价格相配。

仅仅小小一只彩盒的制作工艺，茅台人都想追求极致。这种外包装彩盒内最初有瓦楞纸内盒，用以固定内部的酒瓶，但很快这种包装的弊端就出现了，瓦楞纸内盒在运输中与酒瓶互相摩擦，商标、背标磨损严重。

1985年10月，茅台酒厂采纳消费者建议，决定从1986年起，取消茅台酒的包装内盒，在原外盒内面增加细瓦楞。可长久挤压后，酒盒表面隐约会有楞条，并不美观，茅台再次要求供应商改进，采用俗称细瓦楞的E型瓦楞。如此一来，摩擦的问题解决了，而因空隙增大易吸潮，长期存放的彩盒易发生霉变的新问题又出现了。

为了解决纸盒霉变的问题，茅台改变了彩盒的用料，不再使用简单的纸质材料，而是选用真空镀铝卡纸，就连印制都使用UV胶印机印制，表面好似有一层薄膜，再也不必担心储存时外包装霉变。

随着消费升级，茅台采用了新的外包装，将彩盒尺寸增大，同时增加了两只印有茅台厂徽的小酒杯作为赠品。外销的茅台酒包装也有进一步改良，为国外消费者增加了英文介绍，还添加了"过量饮酒，有害健康"的英文翻译。

装盒过程中也有检验环节，需甄选合格的茅台酒进行摆酒配品，继而装箱、捆箱，走向市场。女工手脚利落地打开彩盒，将茅台酒放入其中，添上赠品、识别器与防伪证书后飞快合上，放入纸箱中。每个纸箱可放六瓶茅台酒，箱身上有一处防伪箱标，对应箱中的六瓶酒瓶盖内的防伪芯片，不可更改，

且在出厂前将再次验证内外是否统一。

车间内的工人们几乎没有一刻休息，始终低头忙碌着，头顶横梁上"质量在我心中，操作在我手中"的标语，早已融入他们工作的每一秒钟。除了自己严守质量，包装车间还有质量专员巡视，检查流水线上的15道工序，一旦发现丝带拴反、商标贴歪、瓶身有瑕疵等问题，就会视为质量缺陷要求工人返工。

在包装车间的工人看来，本职工作之外，他们也有责任将每一步都做到极致。"茅台酒不是白菜价，买茅台酒的人肯定都希望没有一点儿瑕疵。包装是茅台酒出厂前的最后一个环节，我们是茅台酒质量最后的把关人。茅台酒交到消费者手上，我们希望传递的不是冷冰冰的酒，而是一种有温度的酒。说简单点儿，包装完好无损、容量没有短缺，这就是我们包装工人所默默传递的温度。"

器物工匠：报之以歌

敬业、精益、专注、创新的工匠精神早已深入人心，可少有人明白，工匠精神之上，"器物精神"才是真正的人生态度。

什么是器物精神？这是一种因为对某种物件的钟爱而延伸到从事的工作，进而自动向其注入情操与人生态度的精神追求。中国自古就有器物精神，精美绝伦的瓷器本是用来盛饭盛菜的，但中国人并不以此为俗，而是去钻研、精进制作瓷器的工艺。

茅台的酿酒匠人身上也有这种潜在的精神价值，他们从步入车间起，手上就未曾放下各种酿酒用的器具，直到日落而息才将它们妥善放归原处。从古至今，酿酒用具已历经数代更迭，而酿酒的匠人始终怀着一颗匠心，不断打磨出与时俱进的酿酒佳器，用它们制出佳酿。

茅台酒厂初建时，镇上交通不便，是名副其实的山窝窝。高粱与小麦被堆在简陋的铁板车上，一路颠簸运往酒厂。负责运输的工人的脸上有谨慎也有欣喜，虽然他们只负责开铁板车运粮，可他们知道自己载着的，是茅台沉甸甸的希望。

现在去茅台的制曲、制酒车间，已经寻不到曾经将粮食去皮或研磨成粉的石磨了，它们已经在机器的轰鸣声中悄然退场。而在使用人力或畜力的年代，石磨这种架设在土坯旁台子上，由两块直径相同的圆柱形石块和磨盘构成的物件，是人们研磨时必不可少的工具，也是高粱成为茅台酒要经历的第一关。

推磨的酿酒人汗如雨下，待所有磨碎后的粮食收拢起来，他要做的下一步是清洗磨盘。擦拭的动作很轻柔，冲洗的动作也不急不躁，在他眼里这不仅是一块石头做的磨盘，还是他酿酒的家当之一，凝聚了他对茅台酒产量的希望，与对美好生活的向往。

有了新的磨曲设备后，茅台人有了更强的信心。制曲师

傅的目光一直追着磨曲机的动作，他们在等静默的粮食在庞然大物的挤压下蜕变，换一种形态变得更富生命力，化麦香为酒香。嗡嗡轰鸣的机器，从石磨那里接过重担，接受茅台酿酒人对它们的严苛要求。麦曲磨到什么程度算上佳？机器和石磨比究竟谁更胜一筹？

酿酒人放下手中的铲子，开动了一旁的拌料机。按照合适比例混合的小麦、水与曲粉成功"合体"，均匀地在机器里翻腾。机器可以磨曲、拌料，它们完全可以履行新时代机器应尽的义务，可踩曲依然需要人亲自上阵，工匠精神不能只要先进的工具，而抛弃有温度的匠人。

木甑旁的酿酒人将开水泼洒到高粱堆上，双手握紧铁铲，仿佛喊着号子一般，迅速搅拌、翻铲。高粱喝足了水，酿酒人的脸上溢出了汗。他们紧握手中的铁铲，在烟雾缭绕且温度极高的烧房内，脸上写满了坚持，好比手中那根木棒，多年的摩擦令它光滑趁手，而表里都已被酒醅染色。

"轻、松、薄、匀、平、准"是见汽压醅的要诀，即便是将古朴沧桑的木甑替换成石板甑，再替换成不锈钢壳甑桶，酿酒匠人的手艺也不会有变化。

过去他们将酿酒的家当看得非常重要，认为只有好家伙配上好手艺才有惊艳四座的琼浆玉液，如今他们似乎领悟了工匠精神的更高一层，人在前，物在后，匠人对品质的追求始终如一，工具的演变只是陪衬。

用于拌料、配料、堆积和发酵的晾堂操作台表层很讲究，要足以承受糊化的高粱重量，要禁得起千百次拌料摩擦，还要抵御住原料中酸性物质的腐蚀。茅台的酿酒人要做与众不同的那一个，他们放弃了传统的青灰方砖与三合土，而是采用当地所产的条石，制作属于他们自己的操作平台。

蒸馏酒在酿造之初，采用将瓮（坛）埋在地下的发酵方法。后来才有了小型的蒸馏器，将粮食浓缩为一滴酒，将酿酒人的心血凝为醉人的香，装在陶坛里封存三年。

明代医学家李时珍在《本草纲目》中指出，元代就已有烧酒法，即用酒甑对浓酒和酒糟进行蒸馏，以得到清冽如水的露酒。

蒸馏的传统从不曾废，只是蒸馏设备已经更新换代。毗邻茅台镇的小滥村，仍完整保留了传统的"天锅"。在圆形基座上重叠安放两口大铁锅，上面的铁锅与连接管道及盛接容器相连，下面的铁锅装上老熟的酒糟。当加热基座时，酒糟中的酒精汽化，遇上顶部铁锅内的冷水，便液化为酒。

如今茅台酒厂内已经不见天锅的踪影，酿酒人将甑与天锅合二为一，上甑后盖上甑盖，通过管道导引汽化的酒精至冷凝器中，几分钟后就有酒液流出。顺应时代的发展，酿酒人的器物精神也得到升华，他们不再死守老祖宗传下的规则，学会了灵活多变。

20世纪70年代，茅台酿酒人在蒸酒完毕后需要两两配合，

将甑里的酒醅一铲一铲地倒入手推车里，装满后才双手握住车把，推着它们稳步前进，直到来到晾堂，将酒醅倒在地上。

21世纪以来，行车的熟练运用为酿酒人省了不少功夫，一位女工坐在行车内，开动机器运输酒醅、抬吊甑子，她全神贯注地盯着抱斗，生怕碰伤了人。她不是地面上的酿酒人，而是空中的酿酒人。

酒甑不论是材质、体量都有所变化，可原料终究是一脉相承的，好比多年来茅台酒始终采用陶坛贮存，与三十年前所发掘的贮酒陶瓮形制相差无几。陶坛存酒不仅价格便宜，且透气性好，在中国的酿酒史上久未退场。

贮存三年后，勾兑完成的茅台酒即将装瓶。回忆起茅台的转盘式灌瓶，年纪最大的酒师滔滔不绝。他说当时需要工人将酒坛背到包装车间，由几名包装师傅穿着白大褂围坐在灌瓶机旁，严丝合缝地将小喷嘴插入瓶口，等灌满一瓶酒转到下一名包装师傅手中，检验是否合格。就连接下来的装箱也是人工一瓶一瓶摆放至木箱中，他们小心翼翼，因为在他们心中，放进去的不只是一瓶酒，更是茅台的名片，他们等待茅台酒从深山走出去，等待有缘人开启木箱，为每一个茅台人带来荣耀。

而现在，茅台酒的包装环节几乎全自动化了。可即使茅台酒在传送带上一刻不停地运送着，人的力量依然被需要。一双火眼金睛是机器无法替代的，琐碎的包装环节也需要拆成几个步骤分开进行，毕竟包装是茅台酒从酿酒人到喝酒人手上的最后一关,只有冷冰冰的机器怎么向喝酒人传达茅台的温度?需要人,需要一点人的痕迹,如酒瓶上那两根红丝带。

通常而言,器物精神的第一层,是观者肉眼可见的工艺繁冗、材料高档、技艺复杂,可谓心血之作,没有功劳亦有苦劳;第二层即形式上的不断突破、设计创新、技术提炼,始终在求精的道路上,一点也不感到厌烦;第三层是匠人已经将手中的器物,内化为自身的一部分,如臂使指,轻松创作出可与消费者碰撞出心灵火花的作品,构架出沟通两者的桥梁。茅台的器物精神已达到第三层,茅台酿酒人的一举一动都是为了实现与消费者的灵魂契合,让对方欣赏茅台,品一口,心灵即受到震撼。

茅台的器物精神并不等同于工匠精神,它是"匠器",是生产质量管理的标准支撑和技术支持。"匠器"在提升生产质量、美化器物的同时告诉大众:制作一个物件或改变一种工具,不仅仅是为了实用,更是为了内心所需,自然而为。作为极具器物精神的工匠,茅台的酿酒人向我们传递了一种人生态度,在精进手艺的同时,也不可忽略器物给我们带来的裨益,只有两相结合,才有赢得未来竞争的那一天。

03

匠：茅台工匠集体镜像

美酒出自匠心，每一滴茅台酒都蕴藏着茅台工匠的不懈努力。从字面意思来讲，"匠"即善于用斧锯造物的人，例如木匠、铁匠、皮匠等。谈到"匠"字时，通常代表着专心专注、精益求精、刻苦钻研的精神。人们便赋予"匠"字更深层的含义，有了匠心、匠魂、匠术、匠器之说。茅台"五匠"质量观亦是对"匠"字的丰富解读。

人人都是茅台工匠

如果要给茅台工匠下定义，或许有人会将其限定为取得"茅台工匠"荣誉称号的这一部分茅台工人。但实际上，茅台人人都是茅台工匠，他们身上有着对企业的热爱，将"爱我茅台，为国争光"铭记于心；有着对工作的热爱，勤勤恳恳地工作，一丝不苟；还有着茅台的工匠精神，永不放弃、精益求精、开拓创新已经根植于他们的思想之中。

茅台有一支行业领先的工匠队伍，5名中国酿酒大师、3名中国白酒大师、7名中国首席白酒品酒师、3名中国白酒工艺大师、26名国家级白酒评委和4万多名员工。他们都为茅台酒的酿造付出了辛勤的汗水，践行着"质量在我手中，操作在我心中"的理念。

从古至今，中国社会就有各类工匠，木匠、铁匠、泥瓦匠，他们都是传统的手艺工人，常常经营家庭式的小作坊，花时间制作各种工具，赚一点小钱。这些工具既有通用样式，也有定

制版，它们经年不坏，甚至一用就是一生。锻造工具的人被视为真正的工匠，而其手艺的高低也直接影响着人们对他的评价。

如今，我们对工匠的定义，往往指某个人专注于一个领域，在这一领域的产品研发与加工过程中均全身心投入，以精益求精、一丝不苟的原则，完成所有工序的每一个环节。对于工匠而言，匠心、匠造与匠艺缺一不可。

因此在人们的一贯认知中，茅台工匠是掌握茅台酒核心酿造技艺的人，他们能被冠以茅台之名，意味着他们就是茅台酒的灵魂。过去的茅台工匠实际就是酒匠，他们精通酿制茅台酒的每个环节，专注于茅台酒，为打造一瓶令消费者尝之难忘的佳酿而投入心血。但在讲究分工的新时代，"酒匠"的含义已经有所改变，如今的茅台酒匠已经被细分为酒师、曲师、勾兑师、品酒师等。

茅台酒厂建立几十年，细数茅台酒经历的波澜壮阔，有多少人的名字被湮没，又有多少人的名字闪耀其中。世人眼中的茅台工匠常是历经大风大浪，最终屹立在茅台酿造技艺山巅的人，譬如享誉中外的大师李兴发、季克良。可茅台工匠并不是茅台中某一个人或者某一部分人的独有名称，而是建厂以来，所有为茅台付出过心血与汗水的员工的统称。只要是具有茅台工匠精神的人，都可以被称为"茅台工匠"。

过去不少茅台酒匠的事迹没有媒体报道，他们攻克酿造难题的故事也没人称赞。当时没有系统而全面的职称考评体系，对烧房里的工人，人们只尊称他们一声"酒师"，但这两个字所涵盖的意义非比寻常。他们是烧房里的全才，从选高粱开始，到封装好的茅台酒离开烧房，每一步他们都很了解。

如今的茅台不再提倡全才，而是讲究术业有专攻，选出的茅台工匠分布在制曲、制酒、勾兑等车间，他们所长不同，但各有精湛技艺。

制曲工匠邬家会，凭着一腔热血，在制曲岗位坚守了二十多年。制曲不仅是她的工作，也是她的信仰，她穷尽一生去钻研制曲的奥秘，对熟知的工艺精雕细琢，没有人要求她，更没有人监督她，一切她都习以为常。

制酒工匠李贤平，自青藏高原退伍来到茅台，并未抛却军人本色，而是将这种精神融入茅台的每一个制酒环节。钢铁般的意志、精细的管理、果断的执行力，他履行了一名酒师的责任，超额完成任务，连续四年带领班组夺得车间酱香产量前三名。

勾兑工匠骆国萍，在茅台的二十三年始终如一，她身上有女性的柔美、男儿的刚强，她将这两者融入茅台酒，细细品味陈酿的甘美，捕捉新酒的芳香，让上百种基酒成就一味茅台。她对茅台的热爱与对勾兑茅台酒的沉醉，是茅台人平凡中的不凡。

包装工匠张艳，在最好的年华来到茅台，她练出了一双火眼金睛，练出了一双堪比机器速度的巧手。她全神贯注盯住每一瓶从眼前经过的酒，找瑕疵就如绣花，半点马虎不得。只要

见过她工作的模样,你就不会怀疑,她那瘦弱的身躯可以守住茅台酒质量的最后一关。

诸如此类,他们都是新时代下突破传统的茅台工匠,尽管他们不如过去的茅台工匠精通全流程,但专注一事未尝不可。几十年钻研一件事,他们所得到的回报是在瞬息万变的环境下,保证茅台酒不变的品质。

十年、三十年、五十年,甚至未来百年,传统意义上的茅台工匠从此更新换代,他们不再被要求是大师级,或能留名千古的人物,或是精于茅台酒酿造工艺的全才,而是担得起工匠一词,具有茅台精神的茅台新匠人。

实际上,茅台组织结构中有不少部门、分公司和驻外办事处,它们都有自己的工匠,这些工匠对于茅台的热爱,激发了他们身上的工匠精神。将合适的人放到合适的岗位,让他们释放出自己的力量,通过公司的体系将这些力量汇集在一起,形成茅台工匠力。达成的效果,并不是简简单单的"1+1",而是 n 的 n 次方,呈现出指数级增长效果。

茅台工匠辉煌成就的背后,是他们对每个细节、每道工序的精益求精,他们既是在酿茅台酒,也是在追求极致的人生价值。

茅台酒与茅台工匠,从来都是互相成就的。

茅台的"师带徒"

建厂前的父传子

中国传统师徒关系中,徒弟在师傅门下学习本领,换取师傅养家糊口的手艺。这一关系常有教会徒弟饿死师傅一说,所以做师傅的难免会留一手,导致手艺有失传的可能性。

中国的传统手工艺几乎都有各自的祖师爷,如木匠尊崇鲁班,从事茶业的推崇陆羽。在距今并不遥远的封建社会,手工艺人往往在传授徒弟技艺时采取口传手授的方式,他们与徒弟的关系无限接近父子关系,却与真正的血缘关系大有差异。

酿酒作为一门传统手工技艺,具有特别强的传承性,其中的操作与心得并非三言两语能说清,必须跟随师傅的指导去探索,才能尽快入门,学有所成。

在茅台酒厂建立前,成义、荣和、恒兴三家烧房里的师徒

少之又少，且这一师徒关系是"师父与徒弟"，并非"师傅与徒弟"。三家烧房里的酒师仍受历史局限约束，思想保守，觉得将手艺传授给外人，不如将手艺传授给子孙后代。

酿酒行业极强的传承性，意味着师傅极其重要。三家烧房的酒师愿意将技艺传给后代，既是主观上的选择，也受到时代的影响。在封建社会，出身往往决定命运。因此，大多数家有产业的人都会选择子承父业，守住家中祖传的手艺，平淡度日。

三家烧房的酒师一朝学成，多将终身服务于此，他们的学徒身份将自然转化为雇佣制内的长工。等他们获得一定资质，就可开门收徒。

值得注意的是，在旧时代的酿酒业，当烧房的规模不大，不足以雇用多人时，烧房的主人往往一人兼任多职，就连手下的人也是同属一个家族的亲人。他的技艺往往是秘密，不会对外收徒，只会在合适的时候找一个同族接班人，等接班人学有所成便退到幕后，将烧房的经营权移交他手。

后来，由于三家烧房的规模扩大，逐渐发展出老板、经理、酒师各司其职的经营管理体系，但酒师这一核心技术岗位的传承依然以父传子为主。

当时，烧房的老板们不再身兼多职，就连居住地都不在茅台。成义烧房的老板华问渠与恒兴烧房的老板赖永初人在贵阳，距此有几百公里远，荣和烧房的老板王泽生则住在仁怀县城，少来烧房。他们将厂务委托给经理，经理主要执行他们的决定，掌管人事、财务、生产与销售等诸多事项。成义烧房的经理先后有赵致缄、罗某、薛相臣，荣和烧房的经理有龙德安、钱克纯、陈厚德，恒兴烧房的经理有葛志诚、杨端五、韦岭。

粗略从名字判断，三家烧房的经理与老板多无直接血缘关系，而坊中酒师则不同。成义烧房酒师有郑永福和他的父亲，荣和烧房酒师是王华清，恒兴烧房酒师是郑义兴，他们一家是酒师父子传承，一家是与烧房老板同姓之人，另一家同属郑家酒师。可见，在建厂前，三家烧房的技艺传承主要通过酒师，而酒师的第一选择仍然是有血缘关系的亲属。

后来随着烧房生产规模逐渐扩大，仅有酒师掌握酿酒的诀窍显然不够，一个人无法掌握那么多工人的操作，也就无法确保茅台酒的质量。

酒师不得不一而再再而三地告诫工人，这一步应该怎么做，大致到什么程度才是最合适的，酿酒过程中需要注意哪些问题。

酒师的每一句话实际就是酿酒秘诀的外泄，但这是他们无法阻止的事情，想要得到质量高的茅台酒，只能这么做。

在这一过程中，有心的工人学会了"偷师学艺"，他们跟在酒师身旁，观察酒师的动作与神情，等酒师抓握酒醅一走开，

立刻上前体会并记下感受。这些"偷师学艺"的工人尽管没有正式拜师，但实际上他们已经把这些师傅记在心里，发自内心地尊敬他们。

父传子则简单得多，每一步酒师都会为他想好，并手把手地教他该如何操作，将自己多年来的经验倾囊相授。

如今茅台的首席酿造师王刚曾与父亲同为勾兑师，在他未进入茅台前，他的父亲已经在茅台小勾团队工作了几十年。小时候的王刚对父亲的工作充满好奇，他不明白为何父亲平日拒绝饮酒，饮食也格外清淡，直到他作为职工子女来到茅台。在生产一线熟悉工艺两年后，王刚凭借自己的天赋与父亲的教导，顺利考入小勾团队，成为一名茅台勾兑师。

和有血缘关系的人相比，一名工人若要从零开始，一步步成为一家烧房的酒师，将经历数十年如一日的磨练。

民国时三家烧房的生产条件落后，工人们没有固定的上下班时间，烧房规定每人必须一天踩一石麦子的曲，一个灶必须烤七甑酒，每人每天劳动约十四个小时。

负责技术指导的酒师清闲得多，二把手做烤酒的辅助工作，工人则多做杂工。烤酒需要大量的冷却用水，每甑要换四五次水，每次工人得挑水二十多回。春夏秋冬，从早到晚，工人们挑水的步子始终不停。看磨和割草的工人起得更早，睡得更晚，他们要打扫磨坊与马棚，负责搬运高粱、晒麦子，还要清洗酒缸。

因为三家烧房雇用工人时有明确规定，进厂之后要经历三年割马草和两年看石磨的磨炼，等五年时间过去，才能当上正式的烤酒工人。成为烤酒工人后也不能立刻学习上甑摘酒等核心工序，还要再经过数年的学徒生涯。

由于用工量越来越大，三家烧房甚至制定了"两要""六不要"的茅台酿酒业用人标准。"两要"指要有介绍人作保、要经过试用。"六不要"指参加过帮会的不要、名誉不好的不要、不老实的不要、不聪明伶俐的不要、结过婚的不要、家住附近的不要。

进厂就如此艰难，何况之后还要经历数年吃苦耐劳才能成为烤酒工人，从此时起磨砺才刚刚开始。在很长一段时间里，三家烧房的师徒制名存实亡，茅台酒技艺的传承多以"父传子"的形式出现。

经历过"偷师学艺"的首席酿造师严钢对此感触最深，即便他当时进酒厂已经是几十年后，但部分酒师的保守理念依然存在。当他好奇地问对方在堆子旁做什么时，年纪大的酒师不发一言，然后挥挥手让他走开，担心他偷学自己的技艺。毕竟当时在他们心中，父亲的手艺传给儿子才是正道。

实际上，学徒生涯对徒弟来说是必不可少的考验，唯有经过考验，才能成大器。

不论是明着跟随老师学习，还是偷师学艺，这种"人的经验传递"都是尽快习得行业知识技能的重要方式。

但"父传子"毕竟单一，当三家烧房合并为地方国营贵州茅台酒厂时，关于技艺的传承也是时候改变了。为了让学徒能达到较高的行业技能水准，让茅台酒的酿造经验掌握在千万工匠手中，就要摆脱血缘传承的局限，下面来看一看新时代下的师徒制度是如何大放异彩的。

首提"师徒制"

酒始于智者，后世循之。

中国酒文化城，是一座坐落于茅台镇上的酒类博物馆，藏有各种与酒相关的雕塑、碑刻、书画及实物酒品。在中国酒文化城的林荫小道旁，有一座被绿色灌木包围的雕像，他右手拿笔记本，放在身侧，双眼直视前方，他就是郑义兴。

郑义兴是"父传子"的受益者之一，他的一身技艺源自血缘传承，但他丝毫不受保守思想的禁锢。在茅台面临人才凋敝时，他毅然挺身而出，不但将一身绝学公之于众，还率先收陌生人为徒，让师徒制得以在茅台萌芽生根。

1895年，郑义兴出生于四川古蔺县水口镇，家中世代传承酿酒技艺，他本人更是酒师中的佼佼者。从小，郑义兴就跟随自家长辈学习酿酒技艺,掌握了酿酒的每一个环节,包括制曲、制酒、勾兑等。但他不满足于此,在18岁那年就进入茅台成义烧房当学徒,很快晋级为酒师,并先后被成义、荣和、恒兴三家烧坊及遵义龙坑集义酒坊聘请。

在多年酒师生涯中,郑义兴积累了大量酿酒经验,集各家之所长。地方国营贵州茅台酒厂成立后,1953年,58岁的郑义兴作为经验丰富的全才酒师,被聘请到酒厂指导工人酿酒。

回顾茅台酒厂经历的坎坷与波折,不得不提建厂初期以增产节约为中心的运动。当时提出了"沙子(红缨子高粱)磨细点儿,一年四季都产酒"的口号,人们受历史局限性与专业隔阂的影响,不明白这种举动实际上会损害茅台酒的品质。

郑义兴指出这种行为违背了茅台酒的生产规律,得到的酒将不再是茅台酒,呼吁赶紧停止,但他的意见并没有引起领导的重视,结果后来茅台酒的品质开始下滑。

两年后,全国八大名酒会议召开,茅台酒厂展开了恢复茅台酒质量的运动,开始采纳郑义兴的意见,恢复传统的操作方法。为了帮助茅台渡过此劫,已过花甲之年的郑义兴将自己几十年来的酿酒经验,与郑家五代人口口相传的酿酒技法整理成册,供酒厂内的技术人员参考学习。

郑义兴生于光绪年间,当时正是酿酒业不轻易外传技艺的时代,他本人的一生绝技也是师从家族成员,经时光磨砺才变

得纯熟。突破守旧思想，本身就需要极大的魄力，他还积极动员其他酒师解放思想，希望大家能坦诚相待，互相借鉴，一起为茅台酒厂总结出更适合的生产经验。

在他的努力下，茅台酒厂制定了统一的操作规程与酿造流程，可很快新的问题就摆在大家眼前：即便有明确的操作要求，可没有师傅的带领，初入酒厂的工人根本无从下手。

由于长期"父传子"，茅台酒厂建立之初招收的大量工人是熟手，却不是酿酒的熟手，而是打杂工的熟手，真正懂得酿酒技艺的酒师奇缺，他们所培养出的技术人员也相当有限，即便平均分配至每个班组，也不够支撑整个酒厂的生产运作。

面对这种困境，郑义兴站出来了，他主动要求承担起传道授业的重任。另一位同样具有开放思想的酒师是王绍彬，他与郑义兴呼吁酒师们，如今时代不同，是时候将手艺毫无保留地传授给年轻人了，再守旧下去，茅台酒技艺离失传就不远了。他们的呼吁影响深远，可以这么说，茅台酒厂首提师徒制之时就是扎根品质的开端。

当年，茅台酒厂诞生了首批"师徒合同制"下的师徒，一共有三对：郑义兴与李兴发、王绍彬与许明德、郑军科与彭朝亮。如今，茅台酒厂的档案室内依然留存1955年6月1日签订的师徒合同，上面明确规定：老师对于一切有关酿造茅台酒的技术绝不保留，全部告知徒弟，多说多谈，保证徒弟学懂、学会、学精、学深，能单独操作，并且要爱护徒弟；徒弟要保证

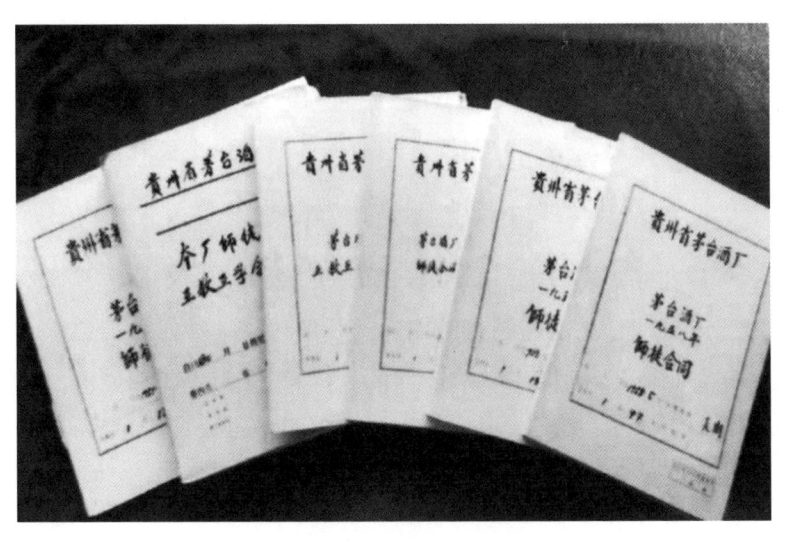

茅台酒厂1958年拜师合同

尊重老师，虚心向老师学习全部技术，学懂、学会、学深，能单独操作后仍要尊敬老师。㊀

值得注意的是，为了减轻师徒双方的压力，茅台酒厂虽重视师徒制，却提倡"师傅带徒弟"，而不是"师父带徒弟"。

订立师徒合同的两人，要交流的信息面极广，踩曲翻曲、投料加水、上甑蒸粮、晾堂摊晾、酒醅下窖、贮存勾兑等工艺都是学习内容。且合同规定，师傅要在两年内教会徒弟，徒弟要在两年内学会师傅的全部技艺。

首批师徒合同的订立，是茅台提倡师徒制烧起来的第一

㊀ 张小军，马玥，熊玥伽.这就是茅台[M].机械工业出版社，2021.

把火，让不少观望的酒师与工人都看到了明朗的前路，纷纷效仿。从1953年至1958年，首提师徒制的效果显著，茅台酒厂的技术力量逐渐增多，即便老酒师退休回家也不会耽误生产活动，自有出众的新酒师挑起茅台酒的质量担子。

1958年，茅台酒厂已有19名老酒师公开开门授徒，92名技术工人拜师学艺。这是一个双向选择的过程，师傅和徒弟都会在相互考察后决定是否结为师徒。第二年，由于历史原因，茅台酒厂的师徒制告一段落，直到1978年才有所恢复。

尽管如此，茅台酒厂对技术人员的培养脚步从未停歇。20世纪60年代，茅台已经十分重视培训员工学习微生物知识，利用夜校和总结会对员工进行培训。20世纪70年代，还办了"七二一"工人大学，送青年员工去大专院校学习，甚至联合贵州工业大学与贵州大学办酒师、班长培训会，提高员工的专业知识水平。

没几年，茅台酒厂就意识到，理论知识再丰富，与实际操作也有差距，酿酒还得在车间里学习，工人要在实践中成长，跟着一年又一年的生产周期精进手艺。秉承着"酿酒育人"的理念，茅台酒厂再次提倡师徒制，但由于厂内已经多年未提这一活动，职工们的思想又渐趋保守，大有回到"父传子"的趋势。

1989年，茅台酒厂工会下发了《关于对李兴发等同志带徒出师的表彰决定》，表扬了带徒出师的李兴发、许明德、王文刚三位师傅。他们正是从前师徒制的参与者，过去他们是徒弟，如今他们是师傅。

正因有了他们的挺身而出,茅台酒厂的师带徒活动才再次引起员工的重视。这些无私奉献的酒师,将大量青年员工培养成茅台的技术骨干,他们燃烧了自己的人生,为茅台的跨越式发展添了一把薪柴。

他们让大家明白了一个道理,重提师徒制已经迫在眉睫。

重提师徒制

2001年的茅台镇与现在相比大有不同,路边的灰尘扑在树上,绿色被遮盖,与黄土飞扬的马路形同一色。上双班组的王宗良那日休息,但他早早来到六车间的另一个生产房,跟在酒师严钢身后,去摸、去看对方检查过的堆子,再总结经验记在笔记本上。

就这样过了一年,王宗良的进步被领导看在眼里,领导将他提拔为班长,还问他:"让你做班长,你想和谁组队?"他想也不想地回答:"我一直仰慕我的老师严钢。"

"老师"这一称呼是王宗良单方面的敬语,他曾经对严钢说:"严老师,干脆我给你当徒弟",但严钢客气地拒绝了这一提议,告诉他:"我们都在一起,每天技术操作上我给你讲就行了,不要搞那种个人崇拜,大家都是师傅,互相学习。"

话虽如此，但王宗良对严钢的态度依然恭敬，逢年过节还会提上礼品前去严家问候。严钢渐渐默认了这个徒弟，他真心觉得王宗良很实诚，工作也勤快，当班长的样子和自己当年如出一辙，都对神秘茅台充满向往，都很渴望深入了解酿酒技艺。

严钢和王宗良的关系是多元的，是同一公司的同事，是同一生产房的工友，是一个班组的上下级，也是心照不宣的师徒。

2005年，茅台集团下发了《关于"师带徒"活动的通知》，倡导车间的酒师收徒传授技艺。严钢是备受瞩目的好酒师，从通知下发起，他就总是被人叫到一旁，不为别的，就为了给他推荐徒弟。

师徒制相比于其他技艺传承的做法，是最高效的，因为酿酒业很难做到完全的工业化与标准化，酒里蕴藏着千变万化，更多需要依靠师带徒的方式进行有效传承。像严钢这种自己摸索成一代大师的毕竟少见，而上一辈的酒师要么"父传子"，要么保守不传，茅台酒厂的技术人员存在缺口。

重提师徒制，迫在眉睫。

通知下发不久，茅台各车间有志之士纷纷拜师学艺，他们各有钦佩的曲师、酒师、勾兑师，只需请人代为介绍，再经老师考察他们的人品、技艺与天赋等方面，通过考察就可结成师徒。

茅台酒厂有数万人，但大多数人仍觉得拜师收徒费力不讨好，对此意兴阑珊。为了鼓励员工积极参与师带徒活动，2008

年,茅台集团实施《"师带徒"活动管理办法》,详细制定了相关要求与补贴举措,希望能就此激发员工拜师带徒的积极性,创造良好的师带徒氛围,就此培养出大师级的酿造人才。

时间一晃就是八年,在此期间,茅台几乎将所有师带徒的主动权都交给员工,公司层面只是鼓励,不作干预。但时间一长,员工的热情冷却,又没有完善的规章制度加以约束,车间的师带徒效果不佳,甚至有人为了获得补贴,享受更好的待遇进行表面拜师收徒,暗地里师徒两人全无工艺交流,更遑论提升自我。

为了不再重蹈覆辙,茅台集团作出了真正的改变。2016年年初,茅台出台了《"师带徒"管理办法》《进一步加强"师带徒"工作的意见》等系列文件,对茅台各生产车间的师带徒进行了系统性规范,从过去的车间管理办法上升至公司制度,指出要深入开展师带徒工作,持续做好茅台酒制酒、制曲、检评、勾兑等技艺的"传、帮、带"。

趁热打铁,当第一阶段为期两年的拜师学艺即将告一段落,茅台集团与贵州茅台酒股份有限公司评选出10位茅台酒首席、特级酿造大师,对他们带徒弟作出具体规定,为所有员工树立起榜样。

这是一大创举。过去茅台集团的上升通道单一,车间员工成长为酒师需耗费数十年,且再次晋升难上加难。此次评选酿造大师,相当于在管理层外,为技术型人才打开了一条向上的

通道。

这次重新启动的师徒制显然比前两次更系统，不论是师徒遴选还是评审考核，都已具备相当成熟的机制。和过去相同，双方意向达成一致即可结成师徒，为期两年，满两年时公司会从理论与实践操作方面对徒弟进行考核，合格者毕业，反之继续学习。

与过去不同的是，师徒人选并非随意决定，两者都要经过遴选。师傅的担任条件之一是需要具有工匠精神，愿意毫无保留地将一生所学传授给弟子；技能业绩方面要求连续三年以上完成公司产质量任务，必须具备足够胜任师傅的专业服造技艺；品德审查要求心无旁骛地专注酿酒，自信而不自大，谦让而不谦卑，对待徒弟一视同仁，绝不仗着自己的资历胡作非为。

被遴选出的徒弟有权选择自己的师傅，等通过师傅的考察后，他们将正式在拜师仪式上签订师徒合同。为了弘扬茅台传统文化，自2004年起，每年重阳节，茅台集团都会举办茅台酒节。在酒节的祭祀大典上，少不了严肃庄重的拜师仪式。

拜师仪式上，徒弟首先要给师傅敬酒，师傅则回赠徒弟一本笔记本和一支钢笔，意在让他勤于记录。接着，师傅拿起戒尺，一敲徒弟的头，头脑清醒，质量先行；二敲徒弟的肩，勇挑责任，传承工艺；三敲徒弟的身，身心示范，德艺双馨。拜师仪式上的流程非常规范，师傅们的动作整齐划一，场面之壮观前所未有。

结对之后师傅教授徒弟并非随心而为，师傅需要列出教学大纲，对每年的教学内容要心中有数，且每个季度徒弟也要写心得体会。车间也会对师傅有要求，管理人员会在日常生产中与师傅反复交流，了解徒弟的学习情况，两年一到，便会以产质量情况和车间考核来衡量徒弟的学习成果，作为之后徒弟晋升的依据。

除了让徒弟接受传统的工艺教育，茅台更重视的是其工匠精神的传承，只有达成这一目标，未来茅台工艺才能永不中断地传承下去。茅台酒是大国之酿，酒师一流的人品更胜于技艺。

酿酒学艺的过程即不断淬炼自己的过程，通往一流的道路有"守、破、离"三个阶段。"守"是告诫成长中的茅台工匠，要从师傅处继承完整的传统工艺；"破"即酿酒人在掌握师傅所授的前提下，于实践中摸索出一套属于自己的操作技巧，不再受到师傅的禁锢；"离"即在酿酒中形成自己的独特风格，如李兴发、季克良般开创工艺新境界，化有为无，成长为真正的一代大师。

茅台的工匠培养体系与德国、日本企业的体系有异曲同工之妙。德国制造业成功的根源在于德国技工教育——"学徒制"。德国职业教育盛行，从初中开始就对学生进行分流，大部分学生会根据个人兴趣选择不同职业技术学校。德国企业会资助职业技术学校的学生，并让这些学生到企业工厂实习。在这个过程中，学生会学到制造技艺，体会到精益求精的工匠精

神。茅台的师带徒制度也是让学徒跟在师傅身边,在实践中学习酿造技术,耳濡目染工匠精神。

日本一些企业以家族企业形式存在,员工数量较少,但规模小并不意味着生产能力落后于人数成百上千的大企业。日本中小企业强大的技术实力根植于日本家族企业的"丁稚制度"。从江户时代开始,盛行于日本的"丁稚制度"包括丁稚(小伙计)、手代(领班者)、番头(掌柜)、支配人(经理)几个等级,每个等级有相应的管理权利和薪酬。学徒从10岁左右进入店铺成为"丁稚",随着能力的进阶,将得到更多管理权利和更高薪酬。

脱胎于茅台学徒制的"茅台工匠锻造八步骤"与之类似,其将工人的职业生涯划分为八个阶段,每进一阶会获得相应权限与奖励。茅台还有特有的年功制,为一线工人开辟技术通道,让工人能凭借技术获得更多荣誉和利益,甚至有成为公司高管的机会。这样的制度有利于激发工人精进技艺的热情,让企业更具活力。

但茅台的学徒制与日本的学徒制也有区别。日本中小企业因多是家族企业,以父传子、子传孙的方式延续,企业掌舵人与继承者往往既是父子,又是师徒。茅台比日本家族企业规模大,要承担的社会责任也更多。早期员工结构复杂,有农转非、部分职工子女、社会招聘人才和高层次人才等。加之茅台酒酿造工序复杂,分工较细,既是父子又是师徒的现象较少,很多师徒之间并不存在血缘关系。这样的情形对茅台体系带来更大的考验。

  有趣的是，德国企业、日本企业和茅台都不约而同地采取了团队作战的模式，新员工进入工作团队后，由老员工带领其熟悉工作环境、工作方式。这一过程营造了良好的工作环境与工作氛围，老员工身上的工作思维和工作态度也将感染新员工，新员工通过踏实努力和融入团队，成长为成熟的团队成员。这样"老带新"的模式，有利于企业保持队伍的稳定性，扩大生产，从而提供更高的价值，最终取得成功。

锻造大师需八步

"入炉"培训

生产力作为马克思主义理论的核心概念之一,自面世以来就受到广泛关注,至于更深层次的核心生产力,站在不同立场的企业各有见解,科技、执行力、思想认识等常是它们的回答。

同为企业的茅台,在白酒江湖纵横70余年,从只有几十名员工到培养上万茅台人,它对于核心生产力的口径始终未改,不是悠久的传统酿造工艺,也不是神秘的勾兑技巧,而是每个春秋都在淌汗水的茅台工匠。

英雄不问出处,初到茅台的新人不论以前做的是何营生,从他踏入茅台酒厂的大门起,他的每一步都在向成为大师迈近。多年来源源不断的新鲜血液涌入茅台。为了创建一支足与茅台美誉度匹配的工匠队伍,名为"工匠八步"的培育机制被推出,将新人比作待铸造的生铁,他们需要历经八个步骤才能

"百炼成钢",蝶变为一代大师与巨匠。

第一步名为"入炉",即入职培训。

茅台这一品牌早已深入人心,但作为员工,他们要学习的内容与外界所知的大有区别,了解公司历史、组织架构、工作流程、人员结构、行为规范等,能帮助他们尽快融入。

"铸匠心、育匠人,壮志在我们胸"是茅台为新人确立的培训理念,希望他们能以"做中学、学中变、变中升"为成长目标,全年至少设置了240个课时,其中安全知识培训位列第一,为40课时;岗位技能培训占比最大,达到120课时之多;剩余的个人素质提升、团队拓展培训、人才测评提升与赋能发展培训各占20课时。

安全是一切生产活动的先决条件,茅台也将安全知识培训放在首位,不做事后诸葛亮,以"零容忍"态度构筑起茅台高质量发展的坚实"防火墙"。这一培训主要介绍各车间的安全隐患,以及相关机械的操作规范,让新人提高警惕,学会在生产中保障自己的人身安全。

以制酒车间为例,新人到班组报到后的第一件事是接受安全培训。牢记安全法则,学会正确使用劳动工具,安全践行操作要点,能最大限度避免不必要的伤害。安全生产永远是茅台不能触碰、不可逾越的高压线,作为劳动密集型的酿酒企业,茅台从新人培训入手,全方位地构建风险防范体系,将安全生产的发展理念根植于每一位员工心中。

完成安全知识培训后，岗位技能培训紧随其后，这一培训需要结合实践操作教学，新人通过摸爬滚打将理论知识固化。一般招收新人正是夏季，此时制酒车间正"泡"在高温里，制曲车间的曲蚊密密麻麻数不清，阴暗的勾贮车间下过雨后就很潮湿，这些工作环境势必与新人的预想存在落差，要先给予他们适应的时间。

新人所在班组的班长会照顾他们，给他们安排强度低、操作简单的工作，先做后勤打扫车间，再搭配经验老到的员工带领他们认识工具，一天掌握一点工作要领，了解润粮、发酵等专业流程，最后学习上甑、踩曲、翻仓等，循序渐进地适应整个车间的工作强度，真正成为班组一员。

老员工偶尔也会给新员工讲讲过去，当时已有老带新、传帮带的传统，老工人和酒师会给新人讲课，熟练工人还会无私地将自己的经验、技术传授给他们，手把手地传授如何酿造茅台酒，比如"烧窖"要用多少木柴，怎么个烧法，烧好后泼洒多少尾酒，窖底曲子放多少等。

面对入职茅台的新人，老员工不仅关心他们的工作，还会给予贴心的生活指导。来自外地的新人比例增加，他们人生地不熟，居住、饮食、交通都多有不便，可能还有谈恋爱、成家方面的相关忧虑。工作之余，老员工常与他们坐在一起，聊聊过来人的心得，提供更多信息，让外地新人尽快适应在茅台的生活，消除地域隔膜。

除了在车间上手操作，新人还要学习消毒、发酵等方面的理论、数据分析，如《茅台酒酿造规程》《茅台酒十四项操作要点》《防止夏季酿酒掉排的措施》《茅台酒制曲操作法》。为了帮助他们尽快将理论与实践经验相结合，车间酒师还会辅导新人针对学习的东西进行巩固，保证学习的实用性。此外，新人还需要听厂内有线广播，上理论课，下班后也要上文化课。

每个人都会关注自己未来的上升空间，给新人普及茅台的晋升通道，告知他们内部招聘、提拔、技术通道差异化等情况，让他们对茅台有更多了解，保持积极向上的心态。

茅台的入职培训并非坐在课堂里听讲，新人要时时进入车间，与未来的工友相互交流，借茅台人的精神风貌快速融入茅台。这一环节最有趣的是，不论是管理岗位的员工还是一线生产员工，他都要去车间打个照面，去看酒汽蒸腾，去闻生香的曲块。

岗位"炼"兵

评酒师，是茅台内部神秘性不亚于勾兑师的岗位。十年前，茅台的评酒师队伍就足以令人惊叹，3名酿酒大师，8名国家评酒委员，4名特邀评委，13名高级评酒师……

茅台数千岗位，若是任职每一岗位的人，都如评酒师一样强大，那茅台未来将有无限可能。个个是能工巧匠、人人是酿酒达人的期盼或许过于遥远，但茅台的"工匠八步"培育机制

已经开始重视岗位练兵，将"熔炼"列为第二步。

只知一味苦干的劳动品质已成为过去，茅台对各岗位的要求已发生质变，在其位的得是知识、技能、创新兼备的新型劳动人才。围绕茅台制造业的定位，不论新进茅台的员工有多少，生产人员占比始终保持在八成以上，寻常的招聘信息基本也以招录制酒、制曲生产一线员工为主。

为了让工作岗位的每一位员工都练就娴熟技艺，不断提升各自的专业水平，也为了提高员工的生产积极性，激发员工"学知识、练技能、比技能、创一流"的工作热情，茅台围绕制曲、制酒、贮存、勾兑、包装等工作，开展了诸多岗位练兵竞赛活动，例如，包装车间比拼上瓶、拴丝带、装盒、装箱、打箱等项目。

劳动竞赛的传统已存在多年，由茅台工会、生产管理部、质量部、车间等相关部门协同组织，在班组、生产车间和公司三个层面进行。根据不同工序拟定竞赛要求，如上甑质量评判、堆积质量感官评判等，通过竞争的方式选出标兵，在各个车间形成标杆，在班组中树立典型。通过立标杆、树典型，进一步推动全公司生产高质量发展。

茅台的技能练兵竞赛在全公司范围广泛进行，几乎全员参与，近五年来，茅台有13.6万人参赛。在全公司劳动竞赛中获胜的员工可谓过五关斩六将，万里挑一，他们还会被送往贵州省乃至全国参加白酒职业技能竞赛，展现茅台工匠风采，为茅台争取荣誉。2020年，贵州省白酒评委换届暨第四届全国白酒品评职业技能竞赛贵州选拔赛闭幕式在贵阳举行。代表茅台参赛的工匠不负重望，纷纷拿出了自己的真本事，占据了入围前20名的19席。

在茅台制酒环节竞赛中，参赛者们需要通过手摸、鼻闻、眼观等方式，判断堆子的湿度、发酵程度、下窖时间，还要接受"看花摘酒"考验，在一定时间内准确判断酒的温度与浓度。

勾兑车间的竞赛难度更高，茅台勾兑大师王刚提到，车间开展勾兑劳动竞赛时，会取出往年基酒，不提供任何信息，只让勾兑师用感官鉴定它们的轮次、等级、香味特征。有时基酒样本多达百种，准确率达到80%以上才算合格。

茅台每个轮次的基酒特征不一，感官标准有别，单靠品尝就准确无误地区分不同酒体和香型，其困难程度是外行人难以想象的。每一杯酒在不同环境、不同参照系下，口感都有差异，勾兑师必须具备出众的视觉、嗅觉与味觉，对茅台酒的色、香、味敏感至极，才能作出准确判断。他们的这种能力在实际工作中作用更强，能分辨哪些基酒能勾兑成茅台酒，每种酒的使用比例为多少，才能保证茅台酒品质始终如一。

在质量部工作十年的蒋春星曾获"质量部2018年度年终白酒品评劳动竞赛一等奖""茅台集团2019年度劳动品评竞赛标兵"。虽然他对酒的分型定级不如勾兑师敏锐，但他能在本职工作内，熟练运用操作仪器，在短时间内测出酒的等级与型体（酒体和香型）。

制曲六车间3班有个出名的踩曲标兵，她叫甘双双，2018年被首届"茅台工匠"詹菊辉收为徒弟。虽然拜师时间不长，但甘双双已经从事踩曲工作近十年，一身荣誉，如"五一劳动奖章""三八红旗手"等，都源自岗位"炼"兵。

据詹菊辉回忆，2020年8月，贵州省第四届白酒行业职工职业技能大赛启动，甘双双在报名后第一时间找到了她，请她为自己制订针对性的计划，以拿下一个好名次。

甘双双是一个愿意努力且不怕吃苦的年轻人，詹菊辉很欣赏这个徒弟。从报名那天开始，甘双双就做好了流汗的准备。詹菊辉为徒弟量身定制了"倒计时工作法"，采用倒计时的形式帮助她练习踩曲、装仓。

很快就到了大赛当日。甘双双一战成名，得到第二名的好成绩，她只用了30秒，就踩出了一块标准好曲。这一标准有多细呢？茅台曲块的标准高度在12.5厘米至14.5厘米，而甘双双踩出的曲基本控制在13厘米，误差不超过0.2厘米。

"所有的评委，包括各路媒体，都说，'不要动她踩好的曲，我要拍照。'"詹菊辉说这句话时脸上满是自豪。当然，甘双双有此成就，不仅仅是师徒俩短时间突击练习的结果，更大的原因在于甘双双十年如一日在岗位上磨砺，在工作中进取。

劳动竞赛不只是个人技能一较高下，还有班组之间的比拼，车间之间的竞争，会评选出最优秀的班组与车间。茅台各班组都有相应产量和质量任务，大家会进行正向竞争，酒多的同时还要酒质好。他们也会互相帮助，学习进步，提高班组产质量。

至于班组内部，绝不存在一个人劳动量极大，但薪水微薄的情况。同理，当每个班组都完美完成计划时，该车间不但有相称的荣誉称号，还有不菲的薪资奖励。一荣俱荣，一损俱损，班组之间与车间之间的竞争不是龙虎斗，更像合作共赢，互相激励。

规范的技术人才评选制度，明确的岗位选拔要求，相当于为员工们确立了良好的激励机制和发展机制，让他们的奋斗目标更清晰，创造更浓厚的"比、学、赶、帮、超"氛围。上任后的岗位练兵，让茅台员工适应自身工作岗位，广泛参与各种岗位劳动竞赛，提升自己的专业素质，建设起更强大的工匠队伍，为茅台的发展添砖加瓦。

"冶炼"技能

时间快到了，静候在考场外的茅台员工分列两边，他们脸上洋溢着自信，丝毫不见胆怯。随着员工入场，"工匠八步"的第三步"冶炼"——技能认定正式开始。

技能认定，顾名思义是通过某种方式判断一个人的技能高超与否，而茅台在这一表层含义外，给出了自己独到的见解，"磨出真功夫，练就真本领"这十个看似寻常的字组合在一起，全面涵盖了技能认定的精髓。

让理论落地，技能认定实际就是茅台的人才认定评价体系与激励机制。在获得相关部门授权前，茅台内部早已开展酿造师评级活动，用以激励工匠精进技艺，之后又联合中国酒业协会，开展国家职业资格认定，组织茅台员工积极参与。

国家职业资格与茅台内部岗位等级有所区别。白酒微生物培菌工、白酒酵母工、白酒制曲工、锅炉操作工、维修电工、品酒师等工种属于国家规定工种，而茅台内部有一套自己的称呼体系，如酒师、曲师、锅炉工、电工、品酒师……

国家职业资格体系中的白酒酿造工是茅台的核心力量，在国家职业资格体系中，白酒酿造工指以粮食为原料，以大曲、小曲、麸曲和酶制剂、酵母制剂为糖化和发酵剂，采用固体或液态发酵工艺，蒸馏、勾调、陈化酿制白酒的人员。他们的职业资格原本被分为五个等级，初级（国家职业资格五级）、中级（国家职业资格四级）、高级（国家职业资格三级）、技师（国家职业资格二级）、高级技师（国家职业资格一级），但2019年后被改为三个等级，即五级（初级工）、四级（中级工）、三级（高级工）。

茅台极其重视员工的职业资格认定，在内部评级之外，还会定期组织符合条件的员工参加初级工到高级工的职业资格考试，希望能以此增强他们的个人素质，提升专业能力。

走进茅台的制酒车间，一问那些勤勤恳恳的酒师，他们的职称是什么，对方总会告诉你两个职称，还会贴心地补充："一个是公司内部评定的,一个是国家职业资格,不一样。"可细究下来,员工的国家职业资格也是在茅台内部评定的。

2019年8月20日,茅台镇上空的白云点缀着蓝天,夏日炎炎。此时茅台酒厂的包装车间、勾贮车间正在紧锣密鼓地准备着,车间的空墙上挂有"2019年白酒酿造工职业技能等级鉴定"横幅,而参与考核的员工正拿着工作笔记站在场外,等待考铃拉响。

此次包装车间有24名包装工参加实操考试,主要考察茅台酒外包装中的拴丝带与装箱,而勾贮车间的实操考核主要考察管道连接、打酒、查库三项技能,共有54人参加此次技能认定。

这两场考试筹备已久,但它们仅仅是2019年职业技能认定工作的开始,是茅台酒厂为了加强公司员工的技能培训与鉴定工作,切实提高在职技术工人的劳动技能水平而苦心设立的。

这种考试由茅台集团联合中国酒业协会,请每一项技能炉火纯青的大师做考官,选择员工平日里的工作环境,对其进行考核。通过考核的人将获得中国酒业协会颁发的证书,证明他的实力进一步提高,相应地也表明这一员工在茅台的技能等级将会提升一个档次。

技能认定不仅认可了员工的实力,提升了他的薪资待遇,对于茅台的发展也有利无害。

两个月后,茅台集团正式举行2019年白酒酿造工职业技

能鉴定初、中、高级考试，共有6260名员工参加，其中初级工4152人，中级工1273人，高级工835人，总人数甚至超过茅台酒股份有限公司茅台酒生产员工的30%。㊀

这场考试分理论和实操两个部分。理论考试在茅台学院进行，主要考察一些基础知识，例如，白酒酿造基础知识、酒酿造设备设施知识、安全与环保知识，还有相关法律法规知识；实操考试则包括粉碎、制曲、发酵（窖、缸、罐）、蒸馏（甑、釜）、储酒、过滤、灌装等环节，需要在具有设施、设备，通风条件良好，光线充足且安全措施完善的场所进行。

白酒酿造工共有九个工种，白酒微生物培菌工、白酒酵母工、白酒制曲工、白酒原料粉碎工、白酒发酵工、白酒贮酒工、白酒蒸馏串香工、白酒配酒工与白酒灌装工，他们都是茅台酿酒过程中必需的匠人，也是茅台酒的质量把关人。

技能认定是茅台集团自2014年就在奋力追寻的新目标，最初由内部审核，给员工评职称，后来才逐渐步入正轨，确定了与中国白酒协会联手，每两年开展一次白酒酿造工职业技能鉴定活动。

且为了进一步深化这一活动，茅台集团决定改革劳动用工制度与分配制度，并获批成立了贵州省第一八三国家职业技能鉴定所。经贵州省人力资源和社会保障厅批准，茅台获得了白

㊀ 摘自茅台时空《6260名茅台员工参加职业技能鉴定考试，创中国酒业多个第一》。

酒酿造工（三级及以下）、锅炉操作工（三级及以下）、维修电工（三级及以下）等五个工种的职业技能培训与鉴定资格（最终由国家人力资源和社会保障部颁发相关职业资格证书）。茅台培养出的工匠队伍，就是未来茅台的顶梁柱。

几年来，茅台共组织22 000余人参加职业技能认定，同时开展相关培训活动，让职业技能认定不只是一张证书，更成为茅台员工真正提升技术的重要手段。在车间锻造技艺，在考场将技艺写在纸上，茅台希望在这两者的搭配下，打造出业务技能更加精湛的一线工匠队伍。

师带徒

甘当助人梯，拜师学技艺。

说到"传、帮、带"，还有什么模式比师带徒更便利？新人进入了茅台，掌握了基本工作技能后，就进入了"工匠八步"的第四步，"锤炼"——师带徒。

师傅与徒弟之间存在一种契约精神，它不同于过去的父子相传，而是两个陌生人结成的缘分。师傅将自己的一身本领尽数传授徒弟，徒弟于实际操作中领悟工匠精神，让精神融入技艺一并传承。

2019年的脚步早已走远，但茅台员工当年获得的荣誉并不会随之褪色。2019年，茅台集团在所有车间的数万名员工中选

拔出十三对优秀师徒,在掌声与鲜花中为他们颁发了证书,其中就有制酒十七车间的酒师蔡飞与班长赵昆。

夏天的生产房高温不散,如今四十七岁的蔡飞,每天要汗湿三件工作服。他个子不高,不开口说话时总是皱着眉头,让人误以为这是位不苟言笑的酒师。可一和他谈起茅台,蔡飞脸上的笑意就泛出来了,他骄傲地说自己已经在茅台工作了二十九年,很荣幸能见证公司的成长。

他于1992年7月参加工作,十八岁的他初来乍到,对杂乱的生产车间不但没有一点儿不适,反而觉得这就是传统技艺的原本样貌。他对每一个酿酒环节都感到新鲜,对车间的每一步骤都充满干劲。

可他是个门外汉。

1992年,茅台首提师徒制的热度已经冷却,重提师徒制遥遥无期,蔡飞想尽快入门得自寻门路。他观察周围有师徒关系的一些同事,似乎并未公开这种特殊关系,而是两人心照不宣地一个愿意教、一个愿意学。

尽管当时没有公司、车间的提倡,不少有技术、有能力的人也拒绝收徒,但蔡飞拜师学艺的热情始终不熄,他一心想投到所在班组酒师的门下。

他踏实肯干,为人谦逊又勤奋好学,很快就得到班组酒师的认可,酒师口头同意收他为徒。有人教导,蔡飞的生产工艺操作进步迅速，又很快领悟了班组管理的诀窍，一路晋升。1995年，蔡飞晋升为副班长，在做了两年副班长后又升为班长。

2004年，新车间八车间投产，公司出于对他的信任，调任他为八车间酒师。三十岁的蔡飞已经不是当年的毛头小子了，他的经验丰富到足以独当一面了。

他手下有一名刚调来的副班长，就如他当年渴望揭秘茅台一般，迫切地想要拜他为师，可蔡飞自觉资质不够，总是笑称："我们是兄弟，别叫我老师。"话虽如此，即便两人共事已经过去了十多年，当初的副班长也已成为受人尊敬的酒师，见到蔡飞却依然不松口："你就是我的老师。"

2011年，蔡飞离开八车间，来到十七车间担任酒师，一上任就是十年。2012年，一名退伍军人通过劳务派遣来到茅台，他对工作勤勤恳恳，任劳任怨，什么活儿都抢着干，遇到难题便积极请教酒师与班长，他就是赵昆。

两年后，赵昆被调往蔡飞所在班组，受到蔡飞的影响，赵昆立志不仅要学会茅台酿造技艺，还要成为酒师，将之传承下去。蔡飞的一个举动触动了他，令他铁了心要拜蔡飞为师。酒师是班组的灵魂人物，酿酒的每个环节都要他们查验，蔡飞不同于其他酒师，他既会检查上甑、摊晾、拌曲、下窖等，还会身体力行，纠正班组员工的错误操作。

赵昆觉得这样具有工匠精神的人，才是自己要一生学习的目标，他追在蔡飞身后，请对方收他为徒。蔡飞俨然是一名老

酒师了，他有一套自己的收徒标准。徒弟必须要有一定文化，需将心扎在生产一线，自己才愿意倾囊相授。

"我收了徒弟，付出就一定要有结果。费尽心血培养的一线员工，因为心思不在生产上，到时候具备一切条件了，资格也有了，突然调任到管理岗，不再做酒了，那我岂不是白培养了。"蔡飞收徒，不为名不为利，只为给茅台培养下一代德才兼备的酒师。

2015年，赵昆获得蔡飞的认可，达成口头师徒协议，一个有心学习，一个用心传授。两年后，劳务派遣来的赵昆迎来自己的人生转折点，转正成为一名茅台员工，第二年又从普通工人被提拔为副班长，成为十七车间的班组骨干。在此期间，茅台集团于2016年再次大力提倡师徒制，从公司、车间、班组三个层面推广，令"传帮带"迅速制度化。受此影响，2018年茅台酒节拜师仪式上，赵昆正式拜蔡飞为师。

两年出师考核在即，所有拜师的徒弟都要参加各项比赛，包括理论知识、品酒、技能竞赛，得出的成绩与平时车间的打分结合，根据加权平均分进行排名。徒弟的排名必须在所有考生中名列前茅，才有资格参加优秀师徒的评选。

优秀师徒奖是茅台师带徒的又一创举，它让曾经作为传统的师徒制，在茅台变得越来越规范，仪式感也越来越强，成为茅台的常态。关于茅台师带徒方面的种种措施，蔡飞持赞同态度，他语重心长地说："我觉得师带徒能更好地让一部分上进、愿意传承茅台技艺的人，有一个学习的空间。因为有些人如果没有这个平台，虽然愿意学，但进不了这个门。现在一个愿意教，一个也愿意学，可以相互促进，对工艺的传承也会更进一步，而不像以前，需要老师非常认可你，你才能跟他学。"

如今的赵昆已经成为班长，他的师傅蔡飞依然在车间忙碌着。赵昆出师两年了，但他作为班长，要走的路还很长，蔡飞身上的担子也始终未卸。作为师傅的他觉得责任重大，既然别人拜他为师，就是认为他能带自己走上技术型道路，他不会辜负这份信任，即便徒弟出师了也要随时去看他的工作，将徒弟的生产荣誉算给徒弟，将徒弟的生产失误归到自己身上。

师带徒，几乎是所有有理想的茅台一线员工的必经之路。如今的师带徒模式与几年前或几十年前的差异不小，像蔡飞这样经历了几个时代的茅台人，对培养下一代人才感触颇深。对于好的、老一辈的传统工艺，他们要发扬光大，同时还要适应社会发展，在继承中学会创新。

正如蔡飞观察近年来的茅台所感叹的："以前都是老师手把手地教，只能通过感官判断生产，现在我们教徒弟首先还是通过感官，但之后还有检验数据，综合而论就是经验加数据，让这些茅台苗子少走弯路。"师带徒活动的成功开展，是茅台对质量的坚守，对工艺的传承。越来越多的优秀年轻人才，为企业现代化管理体系建设打下坚实基础。

"精炼"骨干

茅台员工数万人,多少人是中流砥柱?

"工匠八步"的第五步是"精炼"——骨干培训。骨干一词的本意指完整长骨的中间那一段,它的两端与骨骺相连,里面是髓腔,是动物骨骼的重要组成部分。

正因它在人体中起到的重要作用,骨干的生物学释义被延伸到现实生活中,常被用于比喻在总体中起主要作用的人或事物。

茅台的中流砥柱扎根于传统五大流程:制曲、制酒、贮藏、勾兑与包装。不论在谁看来,茅台质量之所以能始终保持稳中向优,都与一支完美传承工艺的工匠队伍息息相关。茅台有意识地培养他们,一方面想确保工艺的每个细节都做到极致,另一方面想让茅台诞生更多大师级的专家和技术骨干。

谁才是茅台的骨干?这是一个有争议的问题。若是不计基层员工,排除上层领导,中间那部分人就是茅台骨干。茅台是典型的双线体系,一条是管理线,一条是生产线。

骨干分布于生产车间的每个班组,副班长、班长与酒师既是一线员工也是骨干。茅台自2001年上市开始,员工招聘数量不论怎么增加,生产人员占比始终保持在八成以上,就连近几年火爆的招聘也是以招录制酒、制曲的一线生产员工为主。

在一名新员工走向茅台工匠的路上,骨干培训是他必经的一环。骨干在茅台的地位居高不下,茅台极为重视对他们的培养与储备。他们是未来的茅台工匠，在实现从基层员工到骨干的跨越前，茅台为他们设计了一系列科学培训。

上层的设想很简单，希望通过骨干培训，从科学规划职业生涯、企业管理、生产工艺、组织协调与法律法规等多维度出发，提升他们的业务技能和综合素养，从而搭建起科学合理的骨干梯队，不断夯实人才基础。

骨干培训与入职培训大不相同。前者是为了实现骨干员工的进化，向他们剖析茅台的运作机制，让他们深入茅台肌理；后者是带领新人了解茅台的表面，去除他们的陌生感，与茅台的车间、工人、体制熟悉起来。

骨干培训遵循十个字——"补缺深挖潜，进阶再提升"。

骨干的上升空间巨大，可在酿酒这一行业没有几十年光阴，难成大师。从基层员工跨到骨干，若是潜心学习，往往只需几年时间，而从骨干晋升为更高层次的酿造师，有时甚至需要十年。不是所有人都等得起，所以需要提前向他们说明，帮助骨干科学规划职业生涯。

在茅台的生产车间，一名熟悉全流程的工人要晋升到副班长、班长，不仅需要熟练掌握生产工艺，还需要具备一定的管理能力。要让全班组的人服从，花不了太多时间，可要蜕变为酒师则是一个漫长的过程。

副班长、班长仍需要在酒师的指导下进行操作，他们大多

还不具备独立应对各种突发情况的能力，因此他们需要认清这一现实，经得起几年甚至十年的等待。成为酒师后，向上还有茅台内部划分的三级酿造师、二级酿造师、特级酿造师与首席酿造师，这些岗位的胜任条件更加苛刻，骨干若没有坚实的基础，即便得到头衔也难以服众。

成为茅台骨干的第一件事，是学会科学规划职业生涯。茅台的时间是静止的，都被装在了酒里，骨干的等待看似漫长，等回过神来，也不过是弹指一瞬。

培训骨干必不可少的是管理知识，他们仍是一线员工，但兼具管理重任。诞生于生产车间的管理骨干具有先天的优势，他们从劳动中来，对每一个细节了如指掌，让骨干指挥基层员工生产，比派遣一个门外汉瞎指挥更专业。

然而骨干也不可技艺生疏，他们依然潜心制曲、制酒、勾兑，只是茅台的现状要求他们要学会管理班组。遇到不配合的新员工该怎么应对？酒师或曲师遇到棘手问题时，是该袖手旁观还是畅所欲言？一个班组的生产任务与他有关吗？他与酒师的职能分界线在哪里？

骨干自己可能找不到答案，那就由茅台的培训人员来回答。培训人员在车间收集了大量案例，分门别类地列出骨干可能遇到的问题，同时给出解决意见，供他们参考。

未来，骨干的前路与基层员工将分道而行，他们还要学习相关法律法规，成为理论实践兼备的茅台中坚力量。《中华人民共和国劳动法》《中华人民共和国产品质量法》《中华人民共和国食品安全法》及食品安全国家标准、食品生产通用卫生规范等都是必修课程。

至于生产工艺与组织协调方面，骨干培训课程不做过多介绍。骨干出自基层，他们对生产工艺的领会比大多员工都要深刻，之后也不会脱离此道，不必担心酿酒技艺下滑。组织协调实际类似企业管理，不过企业管理范围更广。骨干在管理能力之外，还要拥有组织协调能力，可根据员工不同的特点分配工作，实现轻松高效生产。

"淬炼"金牌班长

2020年茅台质量大会召开时，除了各位茅台领导公布的年度生产报告，一个名为"金牌班（组）长"的荣誉称号也备受关注。

在2019年度生产·质量大会上，茅台宣布："明年将举行金牌班长评选，不按车间平均分配名额，把真正厉害的人评出来。"第二年，生产实现优质稳产，茅台酒产量突破5万吨大关，茅台"十三五"完美收官。当年质量大会上，五十名"金牌班（组）长"出炉，这是茅台继2019年表彰第一批"茅台工匠"后，再一次将奖励对象向生产一线与基层班组倾斜，让外界看到了茅台对酿酒人实实在在的诚挚敬意。

制酒十八车间的金牌班长吕良科,他被叫到名字上台时,心情复杂,似乎在意料之中,似乎又是意外之喜。他作为班组的班长,每天四五点起床,简单洗漱后就赶来酒厂,基本上当酒师到生产房的时候,他也到了。

酒师往往是一个班组来得最早的人,吕良科并非酒师,但是他自觉用酒师的标准来要求自己。

工友来之前,吕良科会和酒师一起检查生产房的水、电及各种物品的情况。检查完毕他就跟在酒师身后,去摸昨日的堆子,看看发酵是否良好,温度是否达标。

当阳光穿透生产房的玻璃时,几十名工人早已各自忙碌起来。

吕良科是班长,这意味着他要操心的事情更多,不仅要关注班组的人员搭配,还要投入自己的工作。他就像一个发光体,在班组里的每一个动作都引人注目,让懒散的人也情不自禁地加快了速度。

正如质量大会评选当日的致辞所说,选出金牌班(组)长即坚持榜样引领、激发榜样力量的重要举措。金牌班(组)长的选拔标准较高,要由车间推选懂理论、精工艺、会管理、业绩优、综合能力强的优秀骨干,之后再经过公司选拔公示,激励一线骨干淬炼本领、拼搏进取。

当选金牌班长的吕良科站在台上,接受荣誉证书时,他还不知道车间领导对他已有了新的安排。10月16日,年度质量大会过去没几天,制酒十八车间的新任骨干齐聚一堂,其中就有吕良科与另两位当选金牌班长的同事。

"车间想推举你们担任酒师。"车间主任正襟危坐,语重心长地将这一决定告诉三位金牌班长。他们前几天才刚被评为金牌班长,突然就要被聘为酒师,内心的波动实在剧烈。从班长转变为酒师,几乎是质的飞跃,没有十多年的生产经验与沉淀,根本无法带领班组完成年度产质量任务。

拒绝的话就在嘴边,主任却不给他们机会,他信心十足地说:"三位在班组的贡献很大,一直都是车间班组工作的表率,获得的荣誉也是实至名归。在车间的综合考评中,你们三位也是名列前茅,提拔你们做酒师,我们是完全有底气的。"⊖

此话一出,吕良科将担心自己能力不足的话咽了回去,既然领导这么信任他,他怎么能辜负领导的期望呢?从这天起,三名金牌班长完成了身份的华丽转变,成为制酒十八车间挑起大梁的三名酒师。

从某种角度来看,金牌班长也意味着是下一任酒师的候选人。

新酒师吕良科心知自己还有很多不足,他待在车间的时间更多了,只有一个念头,就是作为新酒师,更要认真干,起好带头作用。此时的茅台酒厂早已今非昔比,虽然酒师的作用依

⊖ 摘自天眼新闻《茅台"金牌班长"吕良科:You can you up!》。

然突出，但工艺操作已经形成规范，标准要求也相当明确，班组要想脱颖而出，只有按照车间的管理规范和工艺要求，在精耕细作上再下苦功夫，才能有所建树。

对于吕良科这么快就晋升为酒师，班组内没有一句怨言。"能者多劳，干得好就上"是制酒十八车间的员工精神，他们从不会因同事的优秀而嫉恨，只会奋起直追，默默发力。

吕良科与另两名同事成了制酒十八车间的榜样，他们担任酒师就意味着班长的位置已经空缺，自有德才兼备的员工补上。说得俗气点儿，即便吕良科不任酒师，他的榜样作用依然巨大，公司大张旗鼓的表扬就是员工们看得见、感受得到的荣誉。

这份荣誉并非高不可攀，只要踏实肯干，勤学苦练，谁都可以获得。制酒十八车间之所以这么快任用三名金牌班长为酒师，一则出于对他们能力的信任，二则将他们作为车间的奋斗榜样。

茅台酒的产质量与酒师和班长的配合紧密相连，他们虽在基层，但发挥的作用不容小觑，身上的责任与担当并不比职位更高的人轻多少。金牌班（组）长的上升通道令人瞩目，因为这也意味着基层员工的奋斗方向。

制酒十八车间的领导，曾在回应让刚获评金牌班长的人担任酒师的疑问时笑着说，该车间的选人用人标准一直坚持公司"坚定树立良好用人导向"的原则。抓好车间各项工作的基石，让符合条件、有能力、有担当、干得好的员工得到提拔,是车间在提拔骨干上必须坚持的一条原则。

金牌组长的蜕变非一日之功,吕良科在茅台多年,才有这时的成就。茅台酒厂内,到处贴着"酒香、风正、人和"的标语,每一个词都与班组长有着莫大联系。

不论是金牌班长还是普通班长,都是基层员工的领头羊,酒师的好帮手,是酒香的见证人。为了管理整个班组,班长需要兼具组织协调能力,摸清班组内每个员工的脾性,为其分配最好的搭档,营造良好的工作氛围,打造茅台的"风正"之气。班长一马当先,不论是工作能力还是为人处世,都是大家的学习对象,他所起的带头效应巨大,让班组人员和谐共处也在其职责之内。

茅台事业的长青离不开一代代酿酒人的呕心沥血,淬炼金牌班长是"工匠八步"中的第六步,等金牌班长晋升为酒师后,他们就将成为茅台"工匠八步"中的一员。也正因有吕良科这样求知不倦的班长、酒师,茅台的传统工艺才得以代代相传。同时,他们也在用自己的人生经历,告诉一批又一批来到茅台的新员工,只有让酒香更迷人,才能让自己更出色。

茅台工匠

"工匠八步"的第七步是"升华"——茅台工匠。这不是广

泛意义上的酿酒工匠，而是茅台根据骨干的从业经验，挖掘他们身上的工匠精神，评估他们的年度工作而设计的一种荣誉称号。

"茅台工匠"实则是茅台千万工匠的化身，他们择一事终一生，一颗心都放在酿制茅台酒上，具有永不放弃、传承坚守、精益求精、用心用诚、开拓创新的无畏精神与胸怀天下的高瞻远瞩。他们代表茅台的核心生产力站在镁光灯下，是在向众人宣告，工匠精神、劳动精神永不过时，未来也将是茅台再创辉煌的有力推动器。

2017年6月20日，茅台提出要以工匠的精神和水平，确保后期生产不出问题；要突出抓好工匠队伍的建设，致力于打造一支专业过硬的工匠力量。

茅台要想一直青春不老，不能光靠干部，更要靠工匠。"大家都想当工匠，车间的水平自然就会提高。今后，还要设立工匠墙，凡是得了奖的，都上墙。这样一来，相信大家都会争当工匠，就能调动更多人的积极性。"

为更好地建设茅台工匠队伍，茅台集团设立了"工匠奖"。"工匠奖"的奖励对象不是管理者，不是干部，而是真正在一线酿酒、制曲的工人。评奖办法不搞一次性，也不搞终身制，实行动态评价管理。做得好的就评为工匠，明年保持得好继续奖励，若一直都好就一直拿奖。奖励标准每人每年给5万元奖金，奖金总额预计在300万元至500万元之间。

从2018年度生产·质量大会开始,工匠在茅台的荣誉几乎达到顶点。那天参会的工匠、大师与一线工人有序入场,会议中心两边整齐划一的迎接队伍格外亮眼,他们都是茅台集团的高层领导,个个西装革履,向每一位入场的工匠致敬。那天,"茅台工匠奖"被推出,茅台还承诺未来将修建茅台荣誉墙,会雕刻获奖者形象并进行陈列,向广大员工表明茅台对工匠的重视。

2019年9月,李佰伟、欧茂凯、王西亮等13名来自制酒车间的酒师被评为2019年度第一批"茅台工匠",他们也是茅台史上首批"茅台工匠"。

2020年1月,茅台集团于2019年度表彰会上再次公布第二批茅台工匠85人,为他们发放荣誉证书的同时还奖励每人5万元。

茅台工匠的评选表彰条件和程序非常严格,不仅要求工艺精湛、业绩出类拔萃,还要求具有良好的职业操守和品德修养,经得起比较,经得起检验,能得到认同。

欧茂凯是第一批"茅台工匠"。1994年,他进入茅台技术开发公司工作,2004年调入茅台酒厂生产烤酒。初来酒厂,欧茂凯没有名义上的老师,只是跟着班组里的老酒师学习。从普通工人,到制酒副班长、班长,他凭着一股不服输的拼劲儿,在工艺学习上奋起直追,逐渐成长为一名茅台酒师,走出了属于自己的工匠之路。

在二十多年的生产工作中,欧茂凯相信细节决定成败:

"茅台烤酒工艺，每一个轮次，每一个工序的操作，都有一定不同。每一个细节都有一定调整，只有把握细节，才能烤出好酒。"

酿酒是一条需要不断探索、勤学苦练的艰苦道路。"看花摘酒"是一门判断酒精浓度高低的传统技艺。老酒师能通过看酒花大小，判断酒精的浓度。为了学会这门技艺，欧茂凯花费大量时间泡在车间，日复一日地练习、钻研，直到眼睛发涩，手臂酸痛。在不断探索和磨炼中，欧茂凯如愿以偿地学会了这门技艺。

当酒师第一年，欧茂凯面临很多管理型任务，如何统合班组、解决问题成为新的考验。合适的收糟温度，才能有利于微生物的生长。"堆子的温度是根据天气变化而定的，每个轮次都不一样，主要看气温。"欧茂凯坦言，"只有一个班组的劳动力统合起来，再用实际经验去判断，把握温度和发酵点，才能完成任务。"这是一个逐渐熟悉的过程，作为酒师，需要注重每个方面的操作和技能。

其实更令欧茂凯感到光荣的是欧家"一门三工匠"。2020年1月，欧茂凯一母同胞的兄弟欧茂胜、欧茂洪被评为第二批"茅台工匠"。欧茂凯家两代人与茅台同呼吸、共命运，20世纪50年代，欧茂凯的父亲欧富亨进入茅台酒厂，先后从事制酒、制曲工作，辛勤工作，热爱茅台，为茅台默默奉献，也是在他的影响下，欧茂凯兄弟三人纷纷扎根茅台。

1993年，欧家老二欧茂胜率先进入茅台，成为一名制酒工。生产一线体力劳动强度非常大，欧茂胜几乎是咬牙坚持，不肯放弃。他一直都记得父亲的教诲："不管在任何岗位，要能吃苦、肯受累。"

1999年，欧家老三欧茂洪进入茅台制曲车间，一度因为生产一线的苦累而动摇。当时，在深圳工作的同学邀请他前去共同发展，给他描述了外面世界的繁华热闹。同学月工资3000多元，而自己的月工资才300元。㊀

得知欧茂洪的动摇，已经退休的欧富亨告诉他："我当初进厂，每月工资18元，我都把你们养活大了。既然选择了这份工作，就要能吃苦，要相信茅台的发展一定会越来越好。"在父亲的劝说下，欧茂洪放弃了离开的想法，坚定了扎根茅台、钻研工艺的决心。

2021年，因为连续多年产量、质量稳居全厂前列，欧茂凯荣获"茅台劳模"荣誉称号。随着茅台大力弘扬劳模精神和工匠精神，持续深入推进工匠等先进评选表彰工作，越来越多和欧家三兄弟一样的"茅台工匠"成为推动茅台高质量发展的生力军。

2021年10月10日，茅台集团召开2022年度生产·质量大会，全面总结2021年度生产质量工作，安排部署2022年度生产质量工作，还表彰了第二届第一批"茅台工匠"和2020届优秀

㊀ 摘自天眼新闻《一门三工匠 三代酿酒人》。

师徒。

从新人变为匠人,时间、精力、心血缺一不可,这是一条只能孤注一掷的道路。师友与亲人或许能提供帮助,但真正领悟酿造精髓还得看自己。

百炼成大师巨匠

茅台酒的酿造以一年为周期,历年产量大致以5年为一周期稳步上涨,2017年才突破4万吨大关,2021年茅台酒的基酒产量就有5.65万吨左右。这一成果是茅台上下努力换来的,其中酒师和工匠的技术指导最关键。他们时刻牵挂着产酒的每个环节,一年有一半时间都在车间兜兜转转,这些酒是他们的集体勋章。

茅台现有4万余名员工,如果将这些员工比作金字塔,那么首席、特级酿造大师便是这金字塔的塔尖。他们经历了漫长岁月的锻造与淘选,德才兼备、技艺卓绝,不断传承茅台酒酿造技艺,为茅台的高质量发展作出了卓绝贡献。

2017年5月8日,茅台召开"首席、特级制酒、制曲大师履职情况"专题汇报会,指出发挥好大师们的职能、作用在生产工作中至关重要,要让大师级专职人员将毕生才华和多年来积累的宝贵经验用到生产上,指导好茅台的生产工作。

首席、特级酿造大师是茅台生产领域的标杆,茅台赋予他们的工作职责在于：第一，及时发现问题，给公司提出建设性的参考意见、建议，为公司在生产方面的决策保驾护航；第二，充分发挥"工匠精神"，将宝贵的生产经验传承下来，让公司的生产工艺后继有人，为公司的发展积蓄后备力量。

首席、特级酿造大师及一、二、三级酿造师对茅台的重要性不言而喻，其他匠人亦是茅台不可或缺的一部分。一直以来，茅台不断提高匠人地位，礼敬匠人。

2018年，茅台首次对担任首席、特级技术职务的人员进行了续聘考核，标志着职业发展的技术通道建设的常态化。为传承和发扬茅台酒酿造技艺，切实发挥大师的作用，当年11月28日，茅台在茅台国际大酒店召开茅台酒酿造系列首席、特级酿造师续聘颁证仪式暨酒体设计人员慰问座谈会。

会上茅台宣读了《关于聘任（续聘）王刚等十位同志首席、特级技术职务的决定》，为首席酿造师王刚、彭璟、严钢、任金素颁发聘任证书，还聘任彭朝、李世平、龚志文、范德培、肖明强、罗昌发为特级酿造师。

此次续聘颁证仪式是公司对大师们几十年来工作的尊重和认可，希望各位大师能继续在茅台效好力，为茅台作更多贡献。茅台正一步步打通工匠的上升通道，拓宽其发展路径，给工匠带来更多的荣誉感。

2021年度生产·质量大会上，茅台隆重推出首席大师终身制，专门为首席大师制定了一系列荣誉、待遇方面的规定与章

程。其中主要有四个方面：一是为首席大师留影印模，在茅台酒文化城等重要对外展示平台展示大师风采；二是向首席大师颁发终身荣誉证书；三是聘请退休首席大师返回公司指导生产质量工作；四是邀请首席大师入驻大师工作室。

茅台首批享有首席大师待遇的大师包括首席酿造师（酿酒）严钢、首席酿造师（制酒）彭朝、首席酿造师（制曲）任金素、首席品评师彭璟、首席勾兑师王刚等人。其中，严钢被授予"终身名誉酿造大师"称号，茅台为其举行了荣退暨终身名誉酿造大师聘任仪式，开启了茅台为工匠举办高规格退休欢送仪式的历史。

长期以来，一些企业似乎忽略了一线工匠的退休，尽管他们能拿到相应的退休金，也会在节庆之时被相关领导关怀慰问，但他们的离开总是悄无声息的，只有在某一天后辈们遇到难题想要再请老师傅指点时，才会有人想起，哦，他早就退休了呀。

而茅台就为以严钢为代表的首席大师举办退休欢送仪式，授予专业技术人员极高的荣誉。茅台对首席大师的一系列礼遇，为茅台工匠树立了标杆，给予茅台工匠更多荣誉感、成就感与获得感，充分展示了茅台对工匠的重视与推崇。

茅台这种对工匠的高度重视，让一生只专注、专精于一件事的工匠精神扎根于茅台，厚植茅台工匠文化，以自身工匠文化呼应整个社会兴起的工匠精神热潮。同时，也将一线工匠的退休待遇问题展现在世人眼前，提醒企业更多地关注这些为了企业发展、兢兢业业、默默付出了一辈子的工匠们。

那么，茅台倍加推崇的大师、工匠们，是如何工作的，又是秉持着什么样的精神在工作的？

以被授予"终身名誉酿造大师"的茅台首席酿造师严钢为例，他于1985年进入茅台制酒车间，成为一名普普通通的制酒工。当时的严钢是一名刚跨入这一行业的新人，根本不懂得酿酒，当时的茅台也没有如今的规模。1985年，茅台酒厂只有3个制酒车间，年产量只有1266吨，年营收不到1500万元。严钢是和茅台一起成长起来的。

因为珍惜难得的工作岗位，严钢在保质保量完成自己的工作之外，不断精进自己的技术。他虚心学习，跟着酒师、老工人一起下窖、学习，向他们请教茅台酒传统生产工艺。

时至今日，严钢仍每天都到车间指导生产工作，每到一个班组，他都会亲手摸一摸酒醅，品一品新出炉的基酒，以确认车间的生产情况。一次次地品尝，哪怕舌头发苦发麻都不曾放弃，因为他知道，这样的辛劳能带来沁人心脾的酒香。挥坏的上百把铁锨、上百个簸箕记录了他一路上经历过的艰辛与汗水。正是这种对茅台工艺专注、精益求精的执着精神，使得严钢一步步从制酒工、副班长、班长成长为如今的首席酿造师。

三十多年如一日，严钢一直坚持着用诚酿酒，立志把茅台的酿酒工艺做成全行业最好。作为酿造茅台酒这条道路上的

"达者"，他"传道授业解惑"，把自己一身的技术毫无保留地传授给自己的团队和同事，被尊称为"老师"。

严刚性情温和，工作中一丝不苟，要求严格，对细节非常注重。他的严格源于对工艺传承的坚守，能力越大，责任越大，只有树立严格的标准，才能将核心工艺传承下去。

何谓酿造大师？如严钢一般，德才兼备，用诚酿酒，潜心钻研，传承酿造工艺，足矣。

茅台的工匠精神

用诚不计心血

为了摸索出如何稳定茅台酒的品质风格,李兴发在师傅郑义兴的指导下,带着科研人员没日没夜地做各种勾兑实验,试图勾出最好的茅台酒,找到勾兑茅台酒的最佳方式。

在他看来,茅台酒是有生命力的,不同时刻存在不同的变化。他相信自己能掌握这种变化,将茅台酒的口感稳定下来。他甚至常在特定的时间,比如凌晨一两点,进行勾酒和品酒实验,只为观察勾兑出来的酒有没有变化。

这种精益求精的茅台精神传承至今,如他一般的茅台工匠们日复一日地坚守在自己的工作岗位上,重复着上甑、摊晾、下窖等工作,不厌其烦。

他们明白,在这个世界上,最难的不是把事情做好,而是

热爱自己的作品，全心投入其中，坚持每一天都把事情做好，享受作品由高粱向美酒转变的升华过程。他们也明白，酿酒是需要终身学习的，永远有更好的酒。

除了在工艺上追求卓越，茅台酒厂在品质上的精益求精从建厂初期就已确立。有一次，在抽样检查时，包装车间包装好的一批5000瓶的成品酒中有一瓶酒被发现含有杂质。当时茅台所有人一致决定返工重来，哪怕这会造成巨大的亏损，效益也必须为质量让步。

还有一次，李兴发在车间检查工作时，发现高粱有少数不成熟颗粒。这对酿酒的影响并不大，但李兴发却不能容忍茅台酒的质量出现一点瑕疵，坚决退回了这部分高粱。

这种对品质的苛刻要求传承至今，茅台建立了三级原料检验机制，在公司、车间、班组三个层面对原料质量层层把关，反复检验，确保没有一粒不合格的小麦或者高粱进入生产环节，为酿出一瓶好酒提供了基础保障。

茅台匠人对制曲的用心丝毫不逊色于对原料的挑剔。茅台首席酿造师（制曲）任金素有三个绝活令人惊叹，那就是对磨碎拌料比例、曲坯厚度、翻曲温度三个方面的极致掌控。

磨碎拌料是制曲的第一步，即将小麦磨碎后和母曲混合。其中最为关键的地方在于调节块皮、颗粒、细粉的比例。多一份、少一份都会影响到曲坯发酵的效果。掌控这个比例有一个方法，即捏一把拌好的曲料，用手抓拧，感受曲料的含水量，指缝间有一点水分浸出时的比例是最合适的。

任金素能用手一捏就判断出磨碎拌料的比例是否合适，但这个方法却不是每一位制曲工人都能掌握的。茅台6个制曲车间，共90个制曲班组，掌握这个绝技的制曲师，绝大部分都是任金素带出来的徒弟。

磨碎拌料后要将曲料踩成中间凸起、外表光滑的龟背形曲坯，工艺要求每一块曲坯中间凸起处的厚度在12.5厘米到14.5厘米之间。而任金素可以将这个厚度精准到毫米。

踩制好的曲坯在进行高温发酵时需要进行两次翻曲，而翻曲的时间需要根据曲块内部温度判断。通常情况下，翻曲工人需要借助温度计才能准确判断曲块的温度，而任金素用手一摸就能做到，且误差小于1℃。

这三大绝活的练就，需要经年累月的练习，也需要在工作中用心感受曲料、曲坯的各种变化。任何一个将工作当成任务应付、敷衍的人都无法做到任金素的程度。

茅台酒酿造工艺中，制酒是重中之重。在整个茅台酒的制酒环节中，有一百多道工序，道道不同且一环扣一环。

制酒十九车间五班的副班长陈浩然，他于2017年7月进厂，在同事们的帮助下逐渐成长起来，掌握技巧之后，慢慢成为车间老员工。对他来说，整个制酒环节最难的是二次堆积发酵。

这个环节，因为天气冷，水分重，容易出现问题，直接影响生产质量。

"我们的工作就像医生，负责用心呵护制酒过程。"陈浩然作出形象的比喻，"酒是用高粱酿的，酒师在原料上加诸各种工艺操作，然后进行轮次取酒。最后产的酒有具体的质量指标，如果低于指标就是哪里出现了问题。酒师就像医生一样，尽心尽力地找到问题，解决问题。"

新员工只有在实践中不断思考，才能慢慢学会察觉问题，掌握发酵情况。经过一年又一年的诚心练习，酒师才能准确判断问题所在。

茅台酒的包装也处处体现了茅台匠人的用心用诚。

包装茅台酒需要经过洗瓶、上瓶、碰瓶等共15道工序。工序烦琐之余，还有严格的质量要求。每一道工序都不允许出现任何失误：白色瓶身出现一个黑点或者裂缝，不管是否明显；丝带系反或者有一丝松散；商标没有对准……这些细微而易被人忽视的地方，都会使得包装被认定为不合格，退回返工。

包装车间是掌控茅台酒质量的最后一关，也最大程度地展现了茅台对客户的真诚——竭尽全力让客户得到最好的酒，哪怕是在无关酒的味道的外包装上也要做到尽善尽美。

原料、制曲、制酒、包装……茅台匠人们在工作中对每个环节都认真负责，从不马虎，力求精益求精。也正是因为每一步都做到极致，才有了令人拍案叫绝的茅台酒。

精益求精

《道德经·六十三章》有言："天下大事，必作于细。"茅台工匠对工艺精益求精，要求在每一道工序上都专心致志，做好每一处细节，并将每一处细节都做到极致。

如果说茅台酒的酿造是一场考试，茅台追求的不是60分的及格，也不是90分的优秀，而是完美，尽可能不失一分，不错一处。

茅台工匠们坚信，唯有一丝不苟，才能保证产质量的稳定。因而他们全身心投入工作，竭尽全力让每一个环节完美。在制曲车间，工人们每产一个曲块，都会去测量曲块厚度是否达标，如果不达标就马上打散，重新踩制。达标的曲块才能在后续发酵环节成为好曲。曲子香了，酒才香。

茅台酒的生产环环相扣，为保证下一环节工作顺利进行，上一环节必须细致入微，同时下一环节将监管上一环节的质量，上下贯通才能酿造出最佳的茅台酒。

"失之毫厘，谬以千里"，只要有一步出现差错，后续的每一步都会偏离完美。在生产过程中，看似微小的偏差也会影响茅台酒的产质量，比如上甑，一个技术熟练的工人上甑，蒸

出来的酒比不熟练的工人多几斤，一次蒸酒差几斤，一年下来相差至少百斤。其他环节也会影响茅台酒的产质量，一旦有一处没有做好，很可能会影响整个轮次酒的产质量，甚至导致当年该车间的基酒质量不合格。茅台工匠的精益求精有时出人意料。莫言访问茅台时，曾在包装车间看到两瓶不合格产品，他左看右看也看不出差别，一问质检女工，才知道是因为瓶身两边贴标距离不对称，相差大于2毫米。

茅台已经获得许多质量奖项，但它并不满足于此，而是持续探索未知，以极致之工酿造极致之酒，保证每一瓶茅台酒都是精品，让更多人尝到茅台的醇美滋味，建立起消费者心中对茅台的信赖。赢得消费者，才能使自己立于不败之地，基业长青。一旦满足于现有水平，停滞不前，就有被超越的可能。

为此，茅台在整个生产过程中认真贯彻精益求精的工匠精神，严格把控采购质量、过程质量、产品质量和服务质量。

未来，茅台将对标世界一流企业，继续优化企业管理体系，加强管理能力，把茅台酒的品质做到极致，酿造品质出色的酒，为品牌建设注入可持续成长的力量，构建品牌价值增长最坚实的基础。

对于茅台的工人来说，只有精益求精才能酿出更多更好的酒，他们才能收获更多。譬如勾兑环节，勾兑师需要选用上百种基酒调制茅台酒，这是一个考验精益求精的过程，连续两年排名落后的成员会有相应的惩罚。

而在生产·质量大会上宣布酿造系列技术职务的聘任名单，是为了激励广大酒师、曲师、勾兑师、品酒师，让更多的一线工人有奔头、有作为。

但在工艺上精益求精并非一件易事。把事情做好，是把它从60%提高到90%，很多人只要努力便能做到；而精益求精是把本来就好的事情做得更好，要从90%提高到99%。行百里者半九十，越是靠近山巅的路就越难走。这时，人是在跟自己较劲，跟落后、得过且过的自己对抗。只有永远不满足于自身现有水平、渴望山顶风景的人才能赢得这场胜利。

在茅台酒的生产过程中，永远有更科学精细的操作。茅台人要做的便是一直打磨工艺，全力以赴做好每一道工序，努力提升现有水平，为更好的"下一个"而努力。

同时，也要向最优秀的人看齐，为让自身超越更优秀的对象而努力，努力钻研最优秀的人究竟为什么能做得这么好，自己为什么无法实现，差距在哪里，如何弥补差距。茅台举办各种技能大赛，开展"茅台工匠""金牌班（组）长"等评选活动，正是为了选出工艺操作最优秀的人，以他们为标杆，引导全体员工向他们学习，弘扬精益求精精神。

酒样检测

包装材料检验

开拓创新

制酒车间的新员工进了茅台，最先做的活儿多是上甑，相比其他工序，上甑更易上手，制曲车间的新员工则更多负责踩曲。他们对茅台的传统工艺很好奇，可能都问过班长这样一个问题："老祖宗传下的东西就不能动吗？"

这是茅台的新匠人对过去发起的追问，他们已经站在一扇名为"创新"的门前，但谨慎的态度令他们不禁回头，询问站在原地的茅台人，为什么不打开这一扇门。

茅台是一个国人皆知的品牌，同时也是一家传统企业。既然是企业，那么不论发展到任何阶段，创新的空间都始终存在。

老祖宗传下的东西能不能动？茅台有两种声音。

第一种声音认为，几十年来，茅台镇日新月异，一草一木早已是陌生的模样。镇上的酒香虽一直在，但酿造茅台酒所需的一切，都与老祖宗那时候天差地别，再没有新动作，未来的茅台酒也难逃落后的下场。

第二种声音来自在茅台历经年岁的旧人。他们早已退休，但茅台已经融入他们的生活，密不可分。饭桌上的新闻在播茅台的最近动向，书架上的杂志、图书多有关酿造，甚至得知车间润粮换了工具，还会在家自行演练是否合格。他们守的不是旧而是酒。"传统工艺要传承，并且要完整地传承，如果一代偏一点，几代下来就危险了。"铿锵有力的话从头发花白的人口中

说出，没人敢反驳。

日月同处一片天尚且有时，这两种声音也并非绝对相悖。传统工艺茅台势必要一直坚守，但工艺之外的许多方面仍有较大的浮动空间。在保证茅台酒风味的前提下，运用行车代替肩挑背扛，开动粉碎机代替人为舂碾，这些是创新，也的确抛弃了一部分老祖宗传下的规矩。

茅台的创新基于守正，它属于可以变的那部分。而对于不能变的那部分，如传统工艺，30道工序，165道工艺环节，茅台坚守传统。可变的环节，如物流和包装则是茅台开拓创新的方向。

创新是茅台工匠精神的一部分，相信向前追溯二十年，茅台酒厂的一切也与三十年前迥然不同，现在所要做的，不过是响应大时代的召唤，遵从自己的内心，去探寻独属茅台的创新之路。

酿酒的技艺可以口口相传，茅台的工匠精神也会在不知不觉间融入血脉，可跨越时代的管理与科技的运用，全是不可捉摸的。

茅台在"十四五"规划中，提到一个全新的概念——全产业链创新布局，它将新技术运用到更多环节，高粱小麦的育种、种植、储存、运输等都是大局里的一步棋。

坚守传统，也不能拒绝创新。制酒车间过去靠酒师的一双手感触温度，但人不是机器，一点小感冒也会让五感钝化，温度计的辅助能让生产的偏差降至最小。让传统与现代结合，才能更趋于完美。

绿色、环保、低碳也是传统企业要面临的难题，上甑后的酒汽需要冷水冷却，而冷却水离开车间就将进入河流。温水入河，水里的鱼喘不上气，引发的一系列连锁反应，不花上几年功夫都无法修复。茅台研发的水循环系统既节约了成本，又减少了排放量，于工艺没有半点坏处。

再看茅台的生命力，职工子女与社招人员的交换，象征着茅台的人才引进从封闭转向包容，一流大学学生的加入也是智慧的碰撞。利用现代化的管理手段吸引来自各地的人才，他们要做的是在各种工艺要素的变化下，论证未来茅台要作出的调整。茅台已经出现了许多新难题，亟待新的酿酒人出列破解。

新的酿酒人分属于不同部门，相比过去各司其职的工人，茅台的几十个部门都要对酒的质量负责。在技术中心上班，整日里坐在电脑前那是外行人的想象，真正的技术员要下车间取样，一天有几十个项目稀松平常，他们与车间班组的关系融洽，双方配合度极高。一旦发现操作失误导致微生物数量、活性变化，他们会立刻建议生产管理处对各车间进行调整。

在生产质量一线上，排列着许多部门，大家联系紧密，你会参加我的项目，我也会参加你的项目。偌大的茅台，似乎各部门相距很远，但精神是紧密结合的。

公认工艺难有创新，不意味着茅台工匠就会放弃创新。生

产一线的老酒师哪怕已经五十多岁了，荣誉满身，即将圆满退休，每年都还在想茅台未来可能有的工艺创新。他们已经在茅台度过了几十年，和一些早已退休几十年的老酒师却有不同，他们对茅台工艺的追求苛刻不假，却始终怀有一颗创新的心。他们的技艺传承自更老一辈，他们的精神也将启迪后代。哪怕是年轻的茅台工匠，操劳一天后，心里装的依然是茅台。

制酒车间的员工劳作离不开锹、铲、扫帚、拖把等工具，十五车间的车间主任刘元棚发明了碳纤维锹棒，有效解决了木质手柄笨重、易变形等问题，正在广泛实验阶段。

茅台始终在行业内保持科研的领先地位，为创新精神提供成长的优质土壤。

茅台是传统的，但它也具有不怕试错的创新精神。

创新精神是茅台的永恒话题，好比一条康庄大道，茅台永远在这条路上。固守传统工艺与之并不冲突，管理、营销、用工等方面仍旧有改进余地。通过推进生产领域的改革，茅台积极营造出良好的创新氛围。

胸怀天下，高瞻远瞩

茅台的精神力量至柔至刚，难以用一种具象的事物去形容，它潜藏在每个茅台人的心里，又外露在他们的行动中。

茅台的工匠精神是人们热切探讨的话题，他们看到了爱岗敬业，看到了精益求精，他们也尝试从茅台工匠身上总结茅台精神。实际上茅台精神早已内化为茅台工匠的一部分，茅台工匠除了对工艺精雕细琢，对企业热爱有加，还主动将自己的追求放大，希望凭借他们点滴汇聚的力量为国争光。

这是一种不同寻常的精神力量，它是茅台独有的工匠精神之一，是胸怀天下的高瞻远瞩。

茅台人人都是工匠，个个都有"爱我茅台，为国争光"的使命感。

茅台的工匠精神是利国的，这种胸怀天下的精神，既是茅台的企业精神，也代表着传统企业在新时代下，受国人的感召，沉淀出能与国人产生共鸣的心灵力量。

茅台工匠首先将自己摆在中国人的位置上，他们爱茅台，力争将茅台打造得享誉中外，不是为了私利，而是要为国争光。这是茅台工匠精神的突出表现之一，具有胸怀天下的高瞻远瞩。

将个人利益、企业利益与国家利益联系起来，让茅台的工匠用一环一环的操作向社会交出答卷，作为茅台的一员创造利于品牌形象的价值，最后通过茅台工匠精神的发酵，与世界人民产生共鸣，让所有人对中国品质刮目相看。

茅台工匠的胸怀天下体现在他们对小我与大我的取舍上。

当全国开始为环境保护发力时，茅台也决定为此作出贡献，实行厂区内汽车单双号限行。这一决定每天都会给一半员

工造成不便，却没有人提出异议，他们都非常理解茅台，选择欣然执行。这让人不禁感慨，几万人的调动居然这么简单，只需要向他们说明其中缘由就能获得理解。

"爱我茅台，为国争光"不仅仅是一句口号，更是茅台工匠胸怀天下，向世界迈出的第一步。

其中涵盖了茅台工匠所要传达的一切：深爱茅台这一品牌、维护茅台的荣誉与利益、热爱自己的本职工作、恪守职业道德等。将每一步做到极致，他们汇聚的力量也将令茅台强大得让人无法忽视，让中国工匠精神大放异彩。

茅台工匠之所以有这种胸怀天下的高瞻远瞩，与茅台自己的企业性格关系密切。

这种精神力量并非一朝一夕形成的，茅台从小到大、由弱变强的过程，也是茅台工匠逐渐实现思想转化的过程。企业精神在不断更新，慢慢形成了"物质变精神，精神变物质"的辩证转化。

在茅台工作的人，几乎没有世俗的忧虑，他们渴望的多是能再精进技艺，获得更高层次的荣誉。

为了让员工没有后顾之忧，茅台在物质上给予了有力支持。

横向对比白酒行业人员的收入，早在1999至2008年间，茅台的人均利润、人均创税、人均税利，分别为当时业内规模最大的另一家名酒企业的2.56倍、3.22倍、2.9倍。就算只看美酒

遍地的贵州省，茅台的销售收入、实现利润、创收税金分别为82%、99.8%、90%，占据了当时的龙头地位。㈠

纵向比较茅台的自我提升，在2008年前的十年左右的时间里，它上缴国家的税金就已经达177亿元，是建厂以来累计上缴总额的91.1%，此外还参与社会公益事业、为汶川地震灾区捐款，金额达数千万元。㈡

一直以来，茅台都在根据自己的力量，履行它的社会责任，同时茅台工匠胸怀天下的精神也在一点点酝酿，最终成就了"爱我茅台，为国争光"的使命，产生了"茅台为我、为社会做了这么多，我要为茅台、为中国做些什么"的坚定理念。

作为一个具有开放胸怀的企业，茅台的目标永远没有定格，尽管现在负重前行，速度已经慢下来了，但它始终在前进。现在，在万千茅台工匠的共同作用下，茅台要走出去，成为国际一流企业，国际一流品牌。

走出中国意味着变数也将增加，但能在国内外都占据一席之地，具有无可否认的划时代意义。茅台胸怀天下的目标离不开茅台工匠的建设，且茅台工匠的主人翁责任感将是最大助力。

茅台的胸怀天下，就是茅台工匠胸怀天下精神的来源。工匠之力，从来不仅展现在工艺上，他们的精神才是最宝贵的。

㈠ 罗双全，罗仕湘，郭孝谋.爱我茅台 为国争光——国酒茅台文化理念解析笔记（4）[N].河南商报，2009-12-11（A22）.

㈡ 季克良.茅台集团改革开放30年的回望与思考[J].中国品牌，2009（01）.

04

力：持续就是力量

做好一件事、酿好一瓶酒并不难，难的是日复一日、年复一年地做，甚至代代相传。少有企业能把朴实而重复的事情持续做好，但茅台做到了。

　　从茅台的工匠到茅台的工匠力，这种持续性促进了茅台的发展与壮大，成就了茅台的非凡之功。茅台工匠力，使茅台拥有高品质的产品与持续发展的支撑力，使茅台成为中国制造的中坚力量，也使它在世界工匠的大范畴下，成为独特的中国工匠代表之一。

持续地精酿与精进

重复的力量

一瓶茅台酒,从原料准备、酿造到产品出厂,要经过30道工序、165个工艺环节、8000多双茅台员工的手,背后是日复一日、成千上万次的重复。

重复的力量造就了茅台的醇美。

提及茅台酒的重复,难免会想起北宋时观看陈尧咨射箭的无名卖油翁。卖油翁在看到陈尧咨射箭时十箭中了八九箭却不感到惊奇,只认为陈尧咨高超的技艺不过是不断重复练习带来的熟练,还为陈尧咨演示了一番自己重复过成千上万次的倒油手法,以油勺舀油注入上盖一枚铜钱的葫芦,油过铜钱而不沾,以此告诉他重复的力量。

陈尧咨十箭中了八九箭,卖油翁倒油入钱孔而钱不湿,都能称得上高明。这高明的技艺看似简单,做起来却充满了艰

辛。陈尧咨必定日日射箭,卖油翁想必也没有一天停止过倒油。

茅台的酿造也是如此,茅台工匠从未停下过练习技艺的脚步。操千曲而后晓声,他们经过了千万次的重复练习,经年累月的训练,形成了肌肉记忆,让身体记住该如何行动,才能在工作中做到分毫不差。

一拧、二套、三结、四齐、五穿、六紧、七拴、八叠、九直、十对。为一瓶茅台酒拴一根红丝带需要十个步骤,而茅台一名熟练的包装工人最快可以在6秒钟内完成,没有一丝偏差。她们每天工作约八个小时,平均每人每天拴丝带2500瓶,每人每分钟约5～6瓶。

刚入行的包装工人,对拴丝带的工艺不熟悉,一天只能拴四五百瓶。经过一段时间的练习,能达到一千多瓶,还要再经过一段漫长的练习,才能达到两千多瓶的熟练工标准。最优秀的包装工人,每天能拴三千多瓶。这样的熟练,来自为一瓶一瓶茅台酒拴丝带的重复练习。

来到茅台制酒车间,能看到更多重复性的动作。上甑的工人一直重复做着上甑掏糟,晾堂的工人拿着木锨拉耙循环摊晾收堆。虽说工艺上会略有区别,但大体总是一样的。

他们每天都做一样的工作吗?还是会交换着来,今天上甑,明天摊晾?茅台的岗位工作内容是固定的,在晾堂工作的工人就一直在晾堂工作。如果想要调换岗位,做不同的工作,要等一个生产周期,也就是一年的时间才能调岗。这是为了保证茅台酒的质量。一个工人如果频繁调换岗位，势必会造成他对操作工艺不熟悉。三天不做，手就生了。只有日日不停地重复练习，才能保证操作手法的规范。

在制酒车间，硕大的不锈钢酒甑颇引人注目。酒甑旁的工人弯下腰，将酒糟装进筐箕中；直起身来，将酒糟撒进酒甑中。撒完后再弯腰装酒糟，直起身来撒酒糟……不断重复。一名工人上一次甑，需要弯腰、站起重复超过140次。上甑的诀窍是"轻、松、薄、匀、平、准"，薄即指酒糟撒落得轻薄，用一筐箕酒糟将整个甑面铺满。但很多工人不够熟练，达不到这个标准。上甑上得好不好，关系到蒸馏出酒的量，上得好的跟上得不好的相比，可能会有十斤酒的差别。

蒸煮后的酒糟要下甑摊晾，这同样是一个需要不断重复的环节。

首先要将酒糟摊晾成只有两三厘米厚的薄层，这就需要人拿着木锨不断翻铲酒糟。酒糟摊开后，要不停用拉耙爬梳降温，直至合适的温度后均匀拌入曲粉。摊晾如果不勤快，会直接影响到酒糟的发酵情况。整个过程，需要一直用木锨翻铲酒糟，辛苦程度不亚于农民用锄头锄地。

拌曲后的酒糟需要堆积成圆锥状，这道工序的目的在于网罗场地和空气中的微生物，促成独特的代谢风味物质。精准地把控酒糟情况是工序的关键，经验丰富的老酒师可以通过酒糟的颜色、气味、触感，敏锐地掌握堆积发酵的糊化程度、蕴含

香味和水分情况。

"手是酒师感知细节的方式。我们只需要抓起糟子，用劲地捏，通过观察挤出来的水，判断水分有多大。如果还没开始用力，水就流下来了，就说明水分大了。"退休老酒师王时雍深谙此道，"水分大有好处，会增加产量，但酒质会受影响。就像我们煮饭，如果水加得多，饭煮得太耙，也不好吃，烤酒是一样的道理。"制酒脱胎于生活，酒师在经年累月的重复中磨炼技艺。

整个制酒过程中的七次取酒、八次摊晾、九次蒸煮，工人不断重复上甑、取酒、下甑、摊晾、收堆、下窖的工作，不断循环，岁月便在这一次次重复中悄然而逝，唯有酱香浓郁的美酒向世人诉说着这背后蕴含的重复的力量。

茅台工匠力并非一个人身上展现的力量，也并非某一时期特定人群的力量。就如同酿酒是一个长期的过程，需要经历漫长岁月，茅台工匠力也需要跨越时间的变迁，凝聚时间的力量。酿酒需要一遍又一遍地重复相似的动作，工艺的精进需要一代又一代茅台工匠的努力，体系的构建也需要一次又一次地尝试。很少有企业只用一次就能永远成功，只有不断地超越自我，精益求精，企业才能基业长青。

工艺代代精进

茅台档案馆中收藏着一张老照片，拍摄时间是20世纪80年代、季克良、李大祥、余吉申、郑永恒、王绍彬、杨仁勉、李兴发、许明德、汪华等人正在品评出厂的茅台酒。这张照片上的人物，推动了茅台几代工艺的精进。

茅台匠人们对茅台酒传统酿造工艺的精进并非一味地引入新的技术、理念，而是深入挖掘茅台酒传统酿造工艺的内核，诠释其中蕴含的科学性，完整保留关系到茅台酒品质的工艺。

建厂初期，茅台酒厂规模很小，共有职工49人，厂房近4000平方米，窖41个，甑子5个，石磨11盘，年产量仅五六十吨。为了尽快组织恢复生产，政府采取了一系列措施，包括陆续请回部分老酒师和生产骨干，如王绍彬、郑义兴；新招了一批工人，后来当了副厂长的李兴发、许明德等就是那时招进厂的。这些措施为茅台酒酿造工艺的精进提供了人才储备。

酒师郑义兴是茅台酒传统酿造工艺精进道路上最耀眼的灯塔，也是建厂后精进茅台酒传统酿造技艺的第一代人的代表。他精通酿酒的每个环节，熟练掌握整个制酒流程。

酒厂建厂初期，茅台酒的酿造缺乏技术支撑，核心技术力量有限。为此，郑义兴贡献出自己积累了30多年的酿酒经验和郑家五代口口相传的酿酒技法。在此基础上，茅台酒厂初步制定了茅台酒统一的操作规程和酿造流程，对茅台酒酿制工艺进行了总结提升。这一系列生产工艺甚至沿用到了20世纪70年代。

和郑义兴同期进入茅台酒厂的老酒师还有王绍彬。通过对传统工艺的不断探索、实践，王绍彬总结出了沿用至今的"以

酒养糟"的酿酒经验。

建厂初期招收的第一批工人,在老酒师们的教导下,逐渐掌握了茅台酒传统酿造工艺的精髓,并在此基础上推陈出新。其中,以邹国启提出的"疏松上甑法"与李兴发提出的三种典型体和酱香酒的命名对茅台酒的影响最为深远。

1951年,邹国启进入茅台酒厂。在实践过程中,他找到了损耗最少、产酒质量最佳的上甑方式,提出"疏松上甑法"(疏、松、匀、平、准),对上甑时酒高粱的速度、高度、厚度、温度等方面作出了详细规定,规范了茅台酒的上甑流程,提高了茅台酒的产质量。

曾在荣和烧房(茅台前身)当烧酒工的李兴发,在新中国成立后进了茅台酒厂,被祖师级酿酒大师郑义兴收为徒弟。勾兑一直都是茅台一道关键工艺,李兴发便在研究勾兑上有了突破。他把不同的酒按照轮次、年份、味道进行区分鉴别,在此基础上进行勾兑,最终得到一个恰到好处的成品。

由此,他总结出酱香、醇甜、窖底三种茅台典型体,并研究出能持续稳定勾兑出"酱香型白酒"的方式,奠定了茅台酒高质量生产的基础。李兴发对香型的探索,为白酒行业提供了规范、科学的评比标准,使茅台镇传统酿酒工艺得到了进一步继承和发扬,也推动了中国白酒行业进入"香型争鸣"时代。

在李兴发成果的基础上,季克良进行了又一次的工艺精进。季克良是发酵专业毕业的大学生,1964年分配到茅台酒厂工作。他的出现弥补了李兴发无法科学系统地表述科研成果的遗憾，用科学理论总结整理了茅台酒的勾兑工艺。

季克良在茅台任职时间超过半个世纪，对茅台酒传统酿制工艺进行了大量的探索、完善，使得茅台工艺科学化、理论化、标准化。可以说，季克良对茅台酒的精进史就是大半部茅台传统酿造工艺精进史。

这半个世纪，季克良参与了大量茅台技改项目，包括：煤火烧锅烤酒向蒸汽烤酒的转变，天锅冷却向冷凝器冷却的转变，甑子上小下大向上大下小的转变，泥窖、碎石窖、石头窖向条石窖的转变，机械制曲的一系列尝试，封泥池搬进室内等方面的厂房布局的改变，等等。

在多年成功实践的基础上，季克良不断完善已有的《茅台酒十四项操作要点》，使之更为科学。他还带领茅台人一起梳理了茅台原有的各项规章制度，建立了茅台新的生产操作体系，包括制曲操作规程、小型勾兑规程、包装操作规程及相应的检验制度等。在工艺方面，他提出提高茅台酒质量的"十条措施""九条经验"，并在此基础上，总结归纳了茅台酒的十大工艺特点，对茅台酒的生产工艺进行了系统规范。

从以郑义兴、王绍彬为首的第一代茅台人提出的《茅台酒十四项操作要点》、"以酒养糟"，到以邹国启、李兴发为首的第二代茅台人提出疏松上甑法、确立三种典型体（酱香、窖底、醇甜）和命名酱香型酒，再到之后数代茅台人进行茅台工艺理

论化、科学化和标准化的工作，一代代茅台人前仆后继，如同接力一般不断精进茅台酒工艺，塑造了茅台酒稳定、可信赖的卓越品质。

工匠体系演变

从最初的年产量百吨到千吨，再到万吨，茅台已然实现巨大跨越。这得益于它多年来持续地精酿与精进，而这种经年累月的坚持需要完备的体系加以支撑。茅台以酒师为核心的生产管理制度是其中的重要力量，同时在师带徒活动基础上形成的"工匠八步"培养机制与它互为补充，共同构成茅台体系，培养济济人才，为生产活动保驾护航。

茅台酒厂最初由华茅、王茅、赖茅三家烧房组成，其中规模较小的华茅、王茅只有一个酒师，而赖茅规模最大，有多名酒师，但只有掌火师郑义兴掌握全部技术诀窍，可以窥见当时掌握传统工艺的酒师的稀缺。

1949年以前，酿制茅台酒的烧房就形成了以酒师为中心的酒师制，即以固定的工资雇用酒师指导烧房的生产，而酒师则"出售"自己的技术，通过指导烧房生产换取工资。酒师的工资与技术能力、资历挂钩。烧房技术层面大约分为掌火师、酒师、烤酒助工、杂工（学徒工）四个等级，每一等级的权责各不相同。

杂工（学徒工）是烧房临时雇用或者长期雇用的普通工

人，对酿酒工艺不了解或者了解不多，只能在酒师的指挥下从事重体力劳动。杂工需要挑水、看磨、割草、打扫磨坊和马棚、搬运高粱麦子等原料、洗酒缸、晒酒缸等，工资却极低。在1926年到1936年期间，成义烧房杂工每月的工资只有3～4块银圆，临时工只有1～2块银圆。

烤酒助工是掌握了部分烤酒技术的普通工人，也被称为"二把手"，主要负责烤酒工作，待遇比杂工好。在1926年到1936年期间，成义烧房烤酒助工每月的工资为5～7块银圆。

酒师做技术指导，负责指导具体的生产，有自己的技术传承，在为自身技术保密的同时也为烧房的生产技术保密。在1926年到1936年期间，成义烧房酒师每月的工资为7～8块银圆，是临时雇用的杂工的7倍左右。

掌火师指的是像郑义兴一样，熟悉酿酒的全部流程，掌握每一道工序细节的"全能型"酒师。掌火师受烧房主人委托管理烧房，负责烧房除了购销的全部事务，权责比如今大公司的厂长还大。相应地，掌火师的待遇也比较好，像郑义兴，被几个烧房争相聘请，需要提前一年订约。

酒师制的核心是酒师掌握的技术，而酒师能处于如此重要的地位，是因为其掌握的技术关系到酒的质量，而酒的质量关系到烧房主人的利益。顾客愿意为好酒出更多的钱，好酒能为烧房主人挣到更多的钱。酒师制将烧房主人、酒师、工人的利益捆绑在酒的质量上，让有技术的酒师更卖力地指导生产出

好酒。

茅台建厂初期，烧房原有的生产关系被打破，不少掌握了酿酒工艺的老酒师被冷落，对酿酒生产的意见也得不到重视。这使得茅台酒出现了产品质量下滑的现象，产品合格率极低。1956年，茅台为了保证产品质量稳定而进行质量整顿运动，沿用传统工艺，恢复酒师制，请老酒师出山。这时，老酒师再一次回到生产现场，掌握生产的指挥权。

历经多番波折，茅台保存了酒师制。改革开放后，酒师制得到保护和鼓励。1980年，茅台酒厂为了加快建立企业的人才梯队，专门成立了教育科，用以多层次、多渠道、多形式为酒厂培养人才。但此时茅台面临技术力量后继无人的难题，为了留住老酒师，让酒师的技艺得以传承，茅台要求酒师带徒传承技艺，且不少于两人，其中一名可以是自己的子女。作为交换，茅台在规定的用工措施上开了一道小口子，让技术精湛的老酒师到了退休年龄后可以留厂当顾问，照领工资，不必退休。在招工问题上，酒师的子女遵循"平等竞争，适当照顾"的原则，不受规定限制办理招工手续。

因此，老酒师和企业领导到了退休年龄，不必一刀切地强制退休。20世纪90年代时任厂长邹开良延长任期三次，茅台第一任董事长季克良年逾70岁仍被要求延期任职。

茅台现行的生产管理制度是由酒师制演变而来的年功制度。这种年功制度同酒师制一样，非常注重技术能力，以技术能力划分不同级别，技术每达到一个等级就能获得相应的管理权利和薪酬待遇。

茅台20世纪70年代招收的两批工人便是这种年功制度的受益者。他们大部分是初中和高中毕业的下乡知识青年，按照当时社会上的人事劳动制度来说，是很少有机会晋升的。

当时社会上的人事劳动制度是以政治条件、学历、参加工作年限等因素来划分干部和工人的，干部和工人之间界限分明。一旦被划分为工人，便一直是工人，没有晋升为管理层的机会。而茅台的年功制度为普通工人打通了晋升通道，让他们有机会凭借自己的能力和技术升职，最高甚至能做到高级管理职位。

茅台酒的生产工艺具有其独特性，只能传习，不能自通，因而茅台一直保留着师带徒的传统。1955年，王绍彬收许明德为徒，两人签订师徒合同，此后茅台正式制订"师徒合同"制度，让老师教授徒弟的传承方式成为定规。

但师带徒培养的工匠数量太少，无法满足大规模生产的需求。因而在师带徒的传承方式之外，茅台还改良了中国旧时的官办工场传习制度，聘请大工匠指导工人学习技术，并总结出文字化的工艺要点以保证工艺总体上的一致性。师带徒制度和改良后的传习制度相结合，形成了茅台的工艺传承制度，兼有口授心传和集体传习的优点，既保证了生产，又培养了人才。

1966年到1976年，时代风气趋于保守，茅台的师带徒活

动中断。改革开放后，茅台有组织的师带徒活动逐步恢复。到1989年，茅台作出表彰决定，肯定了李兴发、许明德、王文刚三人在带徒学艺方面作出的努力，并颁发荣誉证书和奖品。此后，茅台各基层工会根据各自生产工艺特点，组织具有一技之长的老酒师、老师傅、工程技术员对生产骨干、新进厂工人进行传、帮、带，传承发扬师带徒传统。

2008年，集团工会起草并实施《师带徒活动管理办法》，师带徒活动成为全公司层面的人才培养机制，为茅台培养了大量人才。这一年，全公司各生产岗位中，初级工、中级工、高级工、技师及高级技师2061人，占员工总数的22%。[一]

2018年，茅台首次对优秀师徒进行表彰。2019年，茅台授予10对表现突出的师徒"优秀师傅""优秀徒弟"荣誉称号，并认定90名徒弟符合出师要求，准予出师。据悉，参加出师考核的90对师徒，徒弟取得85分及以上成绩的超过了90%。徒弟出师需要考核，并进行优秀师徒的评选，这些使得茅台的师带徒活动越发正规化。

在师带徒活动的基础上，茅台进一步形成了"工匠八步"培养机制。从员工新进厂开始培养，在生产实践中锻炼其实际操作能力，在各种技能比武中培养其竞争心态，在师带徒活动中精进其技艺、培育其工匠精神，在各种集训中教授其理论知

[一] 中国贵州茅台酒厂有限责任公司.中国贵州茅台酒厂有限责任公司志[M]．方志出版社，2011：490.

识,让其获得相关管理能力,通过技术职务评聘激发其劳动积极性,实现人员良性流动,最终培养出大师巨匠级别的工匠。这个培养机制仅2020年就实现了2万余人次的练兵、培训、考核、评聘,为茅台的人才培养提供了巨大动能。

如今,70余年构建的庞大体系收获了令人欣喜的成果。走在茅台酒厂内,可以看到工人身上充满自信和喜悦。他们非常认可自己工人的身份,认为自己可以通过付出辛勤劳动获得荣誉与财富;认可自己作为工匠,身上承担着的守护茅台传统酿造工艺和茅台质量的责任。

工匠力决定茅台未来

工匠为基,质量为本

2021年注定不平凡,这是茅台建厂70周年,也是其"十四五"规划的开局之年。值此关键时机,茅台提出要立足新秩序重塑期、新格局形成期、新改革攻坚期,走好蓝绿白紫红"五线发展道路",让贵州茅台迈上一个飞速发展的新台阶。

无论在外人眼中,还是在茅台人心中,如果谈到茅台的质量是"本",那毫无疑问工匠就是"基",以工匠为基、质量为本的茅台才能创造更好的未来。

坚守品质是茅台工匠的本职,他们经年累月的表现十分优异,新时代,茅台需要有别于传统工匠的力量。在时代召唤下,茅台工匠中是时候有一批人出列,从幕后走到大众眼前。

20世纪60年代,质量管理小组(Quality Control Circle,简称QC小组)这一概念横空出世,受到众多企业青睐,成为追求

企业管理创新的重要方法。[一]

近二十年后，已突破千吨大关，止住连续16年亏损的茅台不顾阻力，毅然引入QC小组。

这是一个艰难的决定。由于大环境，茅台的条件与一些国际先进企业相差甚远，地处交通不便的贵州，技术条件较为落后，人才稀缺，物质匮乏。在这种情况下，茅台没有倾尽力量解决最急迫的问题，而是开展企业管理创新，阻力可见一斑。好在自QC小组落户茅台，与茅台风雨同舟40多年后，它已经成为茅台工匠不可分割的一部分。

质量管理并非一个单独的部门，而是茅台所有QC小组的统称，它设立于各个车间，有一定筛选机制，由员工自愿报名组成。它贯彻了质量管理理念，为茅台的质量管理体系提供了创新的内在动力。

据"茅台时空"报道，陈洪旭是生产物资配送保障车间QC小组的"领头羊"，他和组员观察到，用于运输物资的中小型卡车需频繁更换磨损、报废的零部件，维修难度不高，却需要三四个人连续一个小时才能完成。

他曾多次与组员商议，能否缩短维修时间，或者减少人

[一] 质量管理小组是指通过运用质量管理理论和方法科学地开展活动，提高人员素质，发挥员工的主动性、积极性和创造性，实现质量问题的预防和改进，受到众多企业的重视和欢迎，逐步成为全面质量管理的重要支柱，得到迅速发展。

力。经过一段时间的走访和思考，陈洪旭决定与组员一同研发一套维修工具，加快零部件维修进度。

经过细致的实验和反复的设计，陈洪旭等人成功研制出更换车辆钢板复合胶套的工具。经过测试，维修人力成本大大降低，一个车间工作组人员花费9分钟就能完成维修。9分钟看似微不足道，在茅台却可以产生蝴蝶效应，影响到整个公司的全面质量管理体系。

像陈洪旭及组员这类鲜为人知的"茅台工匠"，他们不亲手制曲、制酒、勾兑，也在用自己的智慧，为茅台的质量保驾护航。

茅台的包装工艺要求严格，酒瓶、瓶盖、贴标、丝带、厂徽等其中一点不合格都会被视为次品，从生产线上剔出。瓶中酒液的回收，一直是个大问题。因为茅台酒瓶瓶口的特殊设计，酒液倒出速度特别慢，常常影响回收效率。

这些都被包装车间的QC小组看在眼里，记在心里。他们为了解决这一问题，多次实验，反复核对数据，只为制作出更方便的开瓶器。经过一段时间的修改，他们设计的"500ml贵州茅台酒手持瓶盖扭断器"在酒液回收实验中，效率远超人工，很快就广泛应用于生产线。

这些车间的QC小组成立时间各异，可它们的作用却不容小觑，它们是茅台工匠里的智多星，擅长在一线生产中找到问题，解决问题。

制曲五车间也有这样一群智多星，他们小组自2012年成立以来，曾研发了数十个利于生产的装置，数次获得公司级和省级奖励。

茅台的制酒曲块重达二十斤，每当结束制曲需要贮存时，由于没有合适的机械设备，制曲工人只能一个一个地将其抱到小推车内，再一个一个放入干曲仓。为了能让员工更省力，同时不破坏曲块的完整性，制曲五车间的QC小组行动起来。他们通过模拟工人移动曲块，尝试运用不同工具装载曲块，研制出"翻斗式曲块转运车""丢曲缓冲装置"等设备。

多年来，制曲五车间的QC小组积极申报各种研究方向，已发表了七次成果，让组员学会了在工作中主动思考问题，让质量管理理念内化于心。

2010年7月，技术中心"菁华QC小组"成立，旨在通过技术层面实行全面质量管理。小组研究方向与生产工作切实相关，一切辛劳都是为了给一线茅台工匠提供更精准的数据，指导生产活动。

湖北人刘松是"菁华QC小组"中的一员，2013年，初到茅台的他对技术中心的QC小组满怀憧憬，后来终于凭借自己的不懈努力成为其中一员。2015年，刘松与部门内的专家骨干决定主攻研究更为高效和准确的酒醅乳酸含量检测方法。

全体成员不停去制酒车间采样，节假日也守着样本观察实验。最为辛苦的时候，刘松和同事们一年内跟踪检测了3万多份

样本。努力终有收获，2019年，"菁华QC小组"的研发获得成功，"固态发酵白酒酒醅乳酸含量快速测定方法"成为茅台全面质量管理的优秀成果。

"茅台时空"统计，截至2021年，茅台QC小组约注册1万多个，按照4万多员工总数分配，平均一个班组就有一个QC小组。据茅台集团统计，多年来约有10万人次参与这项活动，获得"国家级优秀成果"达50余个，"省级优秀成果"达150余个，硕果累累。

茅台的QC小组属于全面质量管理体系的重要一环。在大家看来，茅台酒质量管理似乎与一线茅台工匠关系更密切，但独木怎成林，茅台酒的品质需要每一位茅台工匠守护。在全体茅台人的齐心协力下，"365"质量管理体系顺势而出。

"365"是茅台对质量管理的进一步深化。"3"是茅台质量体系的三个目标，包括体系完善、均衡发展、整体跃升；"6"是茅台实现质量优化的六项任务，包括共治、协同、管控、监督、共同体构建、治理能力现代化；"5"是茅台实现质量管理现代化的保障，包括组织领导、人才支撑、经费支持、督查考核、舆论宣传。

天工造物，匠心造沙。未来，茅台将面临更多挑战，以匠心、匠魂、匠术、匠器、匠人为质量核心的五匠质量观，为传统的酿造工艺铲除荆棘，让茅台酒的质量变数降到最低，推动茅台实现高质量发展，走向理想未来。

将工匠精神转化为生产力

只有将工匠精神转化为生产力，才能称为"工匠力"。但实现转化并不简单。在这一过程中，责任制度化被放到极其关键的位置。

例如，在春秋战国时期，就有制度要求器物上应刻有工匠的名字，以方便质量监管者检验产品质量，即为"物勒工名"之意。"立事人"制度也是如此，这一职位的任务是代表国家对兵器、乐器等器物的工艺进行监督检查，并为其质量负责。在《考工记》中记载有"梓师"，他们负责检查工匠所制器物是否符合标准，并且有权利处罚不合格的工人。而秦国则设有"大工尹"负责对不合格产品进行评定，并处罚相关工人。

这样的制度在茅台得到沿用。2017年，茅台集团与众多子公司就质量工作实行专人专责，设立"首席质量官"岗位。但没过多久，茅台集团就发现，由当地领导直接担任质量官，存在一定缺陷。久而久之，问题依然存在，同时集团也与他们脱节，不利于建立"大质量"管控体系。

2021年1月22日，茅台生态农业公司空降一位质量官，他就是茅台技术开发公司原首席质量官屈午。这意味着首席质量官制度，进入了一个新阶段。

值得注意的是，屈午此次任职茅台生态农业公司质量官并非简单调任，而是派驻。据"茅台时空"采访相关人士解释，

"派"意为他将直接对集团上级负责,"驻"意为他能扎根现场,指导员工严格按照质量标准生产。两个月内,如屈午一般被茅台集团派驻到各子公司的质量官不胜枚举,他们是新出炉的茅台工匠。

与此同时,茅台酒的各个生产部门也设有质量专员与质量督导员,他们分布于物资供应处、制酒车间、制曲车间、勾贮车间等地,是茅台工匠的新工种。

制曲三车间的王成叶一人兼两职,既是车间副主任,还是质量专员。她有个习惯,只要处理完办公室的工作,就会第一时间前往生产现场。为了方便行动,她有时候甚至早早就换上了工作服与工作帽。

王成叶的检查工具就是自己的五官和双手。拿一把尺子,将破碎后的小麦划拨成四份,她要用眼睛仔细察看其中块状、颗粒状与面粉状的比例;在机器出料口抓起一把已经完成搅拌的曲料,她要轻柔地搓捻,感受其中的水分;进行翻仓前,她要凑近发酵的曲块,细闻味道是否达标……

制酒十五车间的副主管吴庆华同为质量专员,但他的检查内容却截然不同。吴庆华从进入茅台起,就是一名一线制酒工人。因为下沙蒸粮无须太多技术,他就从上甑做起,再转到晾堂,逐渐熟悉全流程操作,最后成为一名酒师。

十八年的酒师生涯给予他丰富的工作经验,也为制酒质量专员的工作提供了帮助。吴庆华的质量管理工作注重实际,他总是出现在车间现场，督促工人们的上甑、摊晾、摘酒工作。作为老酒师，他还经常为车间年轻员工亲身示范、传授技艺。

在茅台，像王成叶与吴庆华一般的质量专员共39名，此外还有13名质量督导员、近300名专职检验员和2300余名兼职检验员，分布在各个子公司与茅台各部门。㊀如今，茅台又有新车间投产，一切都在发展，这些人员还将增加。

除了设立质量专员，为了建立更完备的"大质量"管控体系，车间不但会安排巡查员，还会按各项标准进行考核，将责任分级，落实到人。

在工匠精神转化为生产力的过程中，除了责任制度化，强调人的主体地位也十分关键。在较长一段时间里，受工业化发展影响，机器代替人，成为生产中的主要角色。或者说，在某种程度上，面对各种大型机器，工匠成为附庸。随着社会分工的深入，工匠只负责生产流程的某个环节。他们不再是劳动的主导者，自身潜能被抑制。过度依赖机器制造使工匠缺少独立性、系统性思考，失去对生产制造的整体把控能力，而这曾是工匠必须具备的，也是最擅长的能力。今天，重塑工匠精神就是要作为劳动者的人重新回到主体地位，鼓励并尊重匠人创造，让他们重新获得权利。

在工业化、机械化的进程中，茅台的变化显得"落后"于时代。也正因如此，茅台保持着以人为主体的工匠精神。不管

㊀ 摘自归晴和金石的《从细节看茅台：不留余地的"质量专员"》。

是过去的酿酒大师，还是现在职业化的酒师、班长、工人，他们在劳动中始终拥有充分的主导权、选择权，能够自由发挥能力来酿酒。

从他们不断创新工具的事例中可以发现，他们仍然具有工匠对器具的创造力，而不是受制于器具，被机器替代。茅台工匠站在主导者的角度，用双手和心灵去创造具有独特性、高价值，同时能代表自己能力和身份的作品。

在保持个体独立性的同时，茅台工匠还呈现出集体性的特征。在中国的工人文化范畴中，集体主义有着深刻的烙印，这也成为中国"工匠精神"的基因。

工人群体身上具有强烈的集体荣誉感和组织认同感，他们发挥团结精神，发扬"螺丝钉精神"，合力为建设祖国做贡献。因此，茅台的工匠精神也具有集体性、组织性特征。这并不是忽略工匠的个性，而是集合为工匠的群体性特征。

为了创造集体荣誉，每个人都积极思考、努力实践，去解决难题、打磨技艺，在岗位上不断创新精进。如此，群体工匠精神转化为强大的工匠力，推动茅台的进步发展。

未来，通过持续优化制度管理，充分尊重工匠地位，以及挖掘、激活工匠能力，将聚合更强的工匠精神，并产生强大的生产力，使茅台牢牢把控生产质量和产品品质，确保"一流的产品，卓越的品质"。

从茅台到行业的高质量发展

极致品质的典范

"喝少点,喝好点"这类白酒消费观,不再是一小部分人的诉求,而是中国白酒市场的大众化理念。在经济基础的支撑下,国人的消费方向发生转变,温饱型坐了冷板凳,享受型是人们的新宠儿,落到喝酒这件小事上,"品质升级"也体现得淋漓尽致。

2019年,中华全国商业信息中心曾发布《2019前三季度消费者对白酒消费行为及偏好调查分析》,从消费理念、消费行为、消费渠道与品牌喜好方面进行分析,发现品牌的知名度是决定消费者购买的主要因素。消费者对白酒品质的高要求成了新风向标,各白酒品牌也适时提出"极致品质"这一概念。

茅台作为中国白酒行业的代表性企业之一,一直强调品质与质量,多年来未曾中断,并且消费者购买茅台酒与否也并非取决于几句口号,茅台酒几乎就是极致品质的典范。消费升级引

发的飓风已经席卷整个白酒行业，所有白酒企业不得不将自己的价值回归到品质上。

闻名中外的烈酒也不乏专注之酿，苏格兰威士忌、墨西哥龙舌兰、牙买加朗姆酒都是极致美酒，但中国白酒与之不同，更富含哲学、历史与文化内涵。茅台酒三者兼具，是极致之工，也是自然之酿。

在追求极致品质成为中国白酒的着眼点时，茅台不需要有太多的动作，它更像是接受朝圣的那一个。人们对美好生活的向往越强烈，就越想酿造出美酒，这样酿出的酒质量就越好，如此茅台的典范作用也会越突出。横向观察中国的白酒行业，为追求极致品质，几大品牌虽不遗余力，但茅台是其中的领先者。

"三个限定"是"501五粮液"公开的酒之信仰，它讲究匠艺成就，也追求匠心注入。限定的501车间内，有至少30多年酿酒经验的老师傅，起糟、上甑、摘酒、拌曲，他们的手艺只传给限定的人，连酿酒语言都是一套密语，"炖牛肉"意为即将制作特级酒，而"打油田"则指出产高质量酒。

501车间是五粮液打造极致品质的王牌，这里有八个老作坊的传承者，五粮液的酿造技艺在他们手中，可以是传统的，也可以是新潮的。五粮液为了实现自己的酒之信仰，集合了一批国宝级匠人，在最老的作坊里，利用古窖池酿造，期望酒液品质能达到一个新高度。

洋河自推出梦之蓝以来，迅速抢占了白酒的消费前线，凭借绵柔的口感与茅台、五粮液齐名"茅五梦"。洋河前董事长王耀曾说过："一个伟大的品牌，核心是一个杰出的产品"，洋河也确实达到了这一目的，且始终以消费者的感受为第一要义，抓住了真正的市场钥匙。

为了提升梦之蓝的品质，洋河加入了追求极致品质的队列，不惜斥巨资建立绵柔酿酒生态园，为酒的诞生创造更纯净的生态环境。同时培养国家级评酒专家与国酒大师，让专业的人指点迷津，让洋河重新出发，再度起航。

郎酒没有从传统与过去中找答案，它向未来取经，希望借助现代科技一帆风顺。2019年，郎酒与世界互联网大会建立战略合作关系，预备双方携手，以品质主义为出发点，做出更高品质且持续稳定的品牌。

茅台早已位于世界蒸馏白酒一流行列，是"茅粉"口中纯天然食品中的顶级珍馐。"茅台香酿醑如油""何时乘兴君西去，自有茅台供洗尘"都是赞叹茅台酒的诗词。

若风花雪月诗酒茶没有信服力，我们再从现代科技入手，深刻了解茅台的极致品质。学者张子杰曾作《茅台镇大曲酱香型白酒健康因子的成因探秘》一文，发表于《酿酒科技》，论述了茅台酒中健康因子主要来自茅台镇的地质环境、大曲酱香独有的酿造工艺和特殊的酿酒原料。得天独厚的原生酿造因素是茅台酒极致品质的保障之一，而茅台酒的健康因子也是消费者

茅台工匠力

科研人员工作场景

所喜爱并信赖的。

　　茅台酒的极致在于，第一，它是权威机构按照严格的条件和程序认证的有机食品和绿色食品，是兼获有机食品与绿色食品认证的白酒；第二，饮用茅台酒，适量、过量都不会口干、喉痛，第二天宿醉醒来头脑清醒，无昏沉感；第三，茅台酒中富含苯丙氨酸、酪氨酸，它们是多巴胺、正肾上腺素的催化剂，饮用后能令人心情愉悦、神清气爽；第四，盛放过茅台酒的酒杯，即便过去几天，空杯依旧留香；第五，茅台酒的香气物质丰富多样，有桃花、梨花、苹果花等花香，还有各种果香、青草香、植物香与坚果香，都是茅台工匠与微生物的努力结果，尝一杯茅台酒，相当于让这些香味都化在口中；第六，其酿造工艺独具悠久性、神秘性；第七，每一种酿造原料都是经过精挑细选的，只有茅台镇产的红缨子高粱才能经受七次取酒，只有符合品质的小麦才能制出优质大曲，只有赤水河的河水才能从原料中导出茅台香。

在这场对极致品质的追逐赛中，茅台并未与其他品牌站在同一起跑线上，它已经出发了几十年甚至更长时间，虽未到达终点，却是各大品牌纷纷追赶的强力竞争对手。

茅台的极致品质之路无他，不过是在更早的时候想消费者所想，明白消费者为何选择你又为何抛弃你的答案。茅台作为极致品质的典范，值得同行学习的当然不是工艺的繁复，毕竟各白酒品牌自有一套传统，而是它与消费者交朋友，满足消费者最根本需求的价值观。

推动行业高质量发展

当一个行业的发展脉络已经足够长时，它前进的速度将放缓，每一步都格外沉重与谨慎。中国的白酒行业已有千年历史，蒸馏酒品牌数以万计，当新时代呼唤更高质量的好酒时，终要有一个领头羊站出来，发挥关键作用，推动行业高质量发展。目前来看，中国白酒品牌中，作为世界三大蒸馏名酒之一、中国最早的四个名白酒之冠——茅台酒就是那个领头羊。

一直以来，茅台酒的酿造工艺都是口传心授，但科技的进步打造了一个新的茅台酒厂。到今天为止，茅台酒厂已经建立了18类322个管理标准，14类202个技术标准，以此确保茅台酒始终如一的卓越品质。

它的品质不单单为自己赢得了荣誉，还给中国白酒行业树立起一个风向标，让其他品牌不由自主地向茅台学习。茅台

酒驰名中外，作为一种高品质白酒，它在很大意义上常代表中国。国家政策对它多有帮扶，同时它也是人们热议的对象，代表着绿色、健康，自然也受到人们的推崇。要引领一个行业，经济能力不是最重要的，美誉度才是我们更应该关心的，茅台显然是白酒行业的一个正向符号。

一件物品若功能多样，它的价值也会翻倍甚至更高。白酒的价值在哪里？不该仅仅是一种饮品。茅台酒除了饮用价值，还有收藏、医用、礼赠等价值，具有丰富的文化内涵和精神依托。在精湛的工艺下，茅台成了一件艺术品，而不是一样随处可买到的东西。其他品牌也可仿照茅台，丰富自身品牌的内涵，让一瓶酒变得物超所值。

传统企业通常会面临一个问题：要不要与现代科技接轨，与现代科技接轨会不会破坏老祖宗传下的手艺？茅台镇位于河谷地带，距离仁怀市市区起码二十分钟车程，过去它的酿酒过程相当原始，一切操作都由人来进行。20世纪50年代，茅台率先开启工业化之路，将先进的科学技术引入传统的酿造过程。在不改变茅台酒品质的前提下，茅台进行了诸多探索与尝试，促进了行业今后的科学研究与技术进步。依靠科技，揭开了茅台酒酿造工艺的部分神秘面纱，让这种古老的工艺在现代重焕生机，领行业之先。

勾兑是白酒行业最神秘的一环，在一瓶好酒被包装前，可能有好几种基酒或者上百种基酒融合，即便是内行人，没有十年的功夫也难以摸清其中的门道。茅台早在20世纪60年代，就已经将茅台酒的勾兑秘诀公之于众，告诉世人为什么要勾兑，他们是如何勾兑茅台酒的。这是行业的率先之举，茅台是最早探索和提出白酒勾兑的品牌之一，此后行业开始重视勾兑对提高白酒质量的重要性，为其他品牌的崛起奠定了基础。在此之后，名白酒也从四个变成八个，再逐渐增加到十七个，不可忽视茅台在其中的作用。

1991年，茅台酒厂根据多年实验，发布了一则消息——"出了茅台镇就生产不了茅台酒"。茅台曾设想，照搬工艺与工序，就连工人都选择同样的人，即便离开茅台镇，也能酿出茅台酒，他们进行了尝试，但不幸以失败告终。这一消息看似与白酒行业联系不深，但细想下来，相当于变相地提出了原产地的概念，此后，其他白酒品牌打消了盲目扩大产能的念头，把心依然放在追求高质量上。

茅台酒是酱香型白酒，它的香味对许多香型的白酒具有广泛而微妙的包容性。浓香、酱香看似是两种香型，实际上浓香型的白酒品牌也在建酱香酒车间，因为实践中使用酱香酒，能改善浓香型工艺中产生的一些不良味道，使酒体更纯净，后味悠长。

质量不是一座孤岛，在内部重视质量的同时，茅台也在推动行业的整体发展。纵观整个白酒行业，能创造那么多先例的品牌少之又少，而茅台总是走在时代前列，率先开始研究勾兑，率先开始应用现代科技，这些都是茅台成为行业领先者的缘由。

未来中国需要工匠力

中国呼唤工匠精神

在19世纪前的较长时间里，手工匠造在英美等国都是主流。工业革命开始后，工厂越来越多，随着生产标准化、制度化发展，工匠变成了流水线上的工人。他们在管理者的规划下，只负责其中某个环节，以此提高生产效率。此时，质量不再仅取决于工人的手艺，而是与各种机械化操作要求、标准和规范有关。谁能精准地控制机器、提高设备先进性，谁就有可能获得优势。另外非常重要的转变是，创新技术在制造业中的地位日益提升，企业的超额利润、竞争优势往往是由技术创造的。因此，不管是效率提升还是成本控制，工匠都明显落后于现代制造业的机器生产。技术超越工匠，成为主导力量。

在中国也是如此。随着工业化发展、市场化改革、城镇化建设的推进，中国用几十年时间完成了西方国家上百年的发展历程，速度之快令世人称赞。企业制造的产品数量越来越多、生产效率越来越高，同时消费者的需求也得到了快速满足。但在变化过程中，工匠精神日渐式微，被人们忽略。

工匠精神的缺失使得精益求精、十年磨一剑、慢工出细活等品质越来越稀缺。伴随社会发展产生了一些负面问题，尤其在质量方面。在效率为王的时代，偷工减料、马马虎虎、浮躁、差不多就好等思想浮现出来，导致粗制滥造的产品出现，损害消费者利益，甚至造成不可挽回的悲剧。在毒奶粉、假酒、毒大米等恶性事件中，都有着深刻的教训。如果这样的思想蔓延开来，不仅会动摇制造业根基，也不利于其他产业的发展。

从根本来讲，现代经济发展所追求的规模化、机械化、集成化与商品化，与传统工匠时代讲求的手工化、定量化和生活化有一定矛盾。[一]但工业生产、技术进步并不意味着工匠精神不再适用于时代发展，相反，社会发展更加需要这一难能可贵的精神作支撑。不管处于怎样的时代，不管在哪个国家，工匠精神应当始终是人类共同的精神追求，因为它是被历史验证过的优秀文化。人们对产品安全可靠、美观耐用、精雕细琢、生态环保等方面的要求没有变过，这就要求具有工匠精神的人，对产品品质精益求精，刻苦钻研，肯花时间精力去学习新知识、新技能，不断创新创造，持续提升品质。那些不能为用户提供优质产品和服务的企业，很可能在工艺、管理、营销或其他环节缺乏工匠精神。

[一] 王景会，潘天波.工匠精神的人文本质及其价值——时空社会学的视角[J].新疆社会科学，2020.

精神力量可以改变世界，也可以实现一个国家和民族的振兴。如今作为高品质代名词的"德国制造"在1887年曾代表着价廉质劣，甚至英国议会用"德国制造"的标签来与英国产品作出区分。后来，德国奋起直追，通过对工匠精神的重视，摆脱了曾经的尴尬。如今德国的精工制造已经享誉全球，成为各路工业制造的典范。

曾经，中国工匠创造了辉煌的历史。在悠久的历史中，能工巧匠层出不穷，鲁班是木匠的祖师爷，发明了墨斗、曲尺、钻子、锯子等工具，即便过去千年依然实用。如今，制造业向智能化转型升级，中国如何从制造大国走向制造强国，如何在"中国智造"的道路上开拓创新，这些问题的解决都需要以工匠精神为基础。要实现中华民族的伟大复兴，实现中国经济的转型，工匠精神是中流砥柱的力量，培养和塑造工匠人才至关重要。如果将科学技术、基础设施建设、信息化、智能化视为制造业发展的硬实力，那么现代劳动者身上的工匠精神则是不可或缺的软实力。

当然，现代工匠精神的内涵发生了一些变化。相较于传统工匠的重视独立统筹、手工劳作、口传心授等特征，现代工匠在群体性、技术性、知识性等方面更具特色。可以说，未来工匠发展离不开技术，但同时又要兼顾人文精神，延续传统工匠文化。

2016年的《政府工作报告》中提到："鼓励企业开展个性化定制、柔性化生产，培育精益求精的工匠精神，增品种、提品质、创品牌。"这段话言明随着产业结构调整，中国需要工匠精神。党的十九大报告指出，"我国经济已由高速增长阶段转向高质量发展阶段"。在此背景下，重塑新时代工匠精神将引导企业竞争从注重价格转向注重质量、品牌与技术，提高劳动者素质，增强中国企业的全球竞争力，提升中国制造业的全球影响力。

向茅台工匠学什么

战国时期，庖丁是梁惠王的厨师，因厨艺高超享誉天下。庄子在《庄子·养生主》中称其"手之所触，肩之所倚，足之所履，膝之所踦，砉然响然，奏刀騞然，莫不中音。合于《桑林》之舞，乃中《经首》之会。"可见庖丁解牛时有一种韵律感，像是踩着节拍，全过程可谓行云流水。

为何庖丁有如此出神入化的技艺呢？庖丁自己的回答是："所好者道也，进乎技矣。"也就是说，他追求的是比技术更高层的"道"。当然，得"道"的前提是对技艺的学习、摸索和练习。庖丁初学时，眼里看到的是一只全牛，经训练之后便"未尝见全牛"，意即懂得如何去分析、拆解一头牛的骨架，最后达到"以神遇而不以目视，官知止而神欲行"的境界，不用眼睛看，只用精神感受就知道如何顺着牛的身体结构找到筋骨相接的缝隙，从骨节间的空处进刀解牛。手起刀落，一头壮牛就被巧妙地分解。

庖丁解牛的故事以解牛之道，讲述做事之道。不管做什么事情，人们都需要掌握和利用其规律，加以反复实践，保持敬畏之心和谨慎的态度，懂得收敛锋芒，才可能在不断重复中悟出"道"之所在。这不仅需要娴熟的技艺，还要修炼天人合一的境界，是技能和思想的融合。实际上，"道"是一种比较虚的状态，很难作出清晰的描述，通常用以形容不以人的意志为转移的万物运行的客观规律，代表终极追求。而"技"则是具体的方式、方法，是通向"道"的途径。社会学家理查德·桑内特认为，"匠人"在高度专注于某样东西时，不再有自我意识，甚至连自己的身体也感觉不到，变成正在做的那样东西。这与中国的身心合一、道技合一、心合于道、物我同化概念一致。

在茅台工匠身上，常常能感受到庖丁解牛般"道技合一"的境界。无须温度计测量，经验十足的茅台工匠仅用手触摸，就能知道堆子的温度；抓握酒醅，揉捏听声，就能判断是否可以上甑取酒；不用浓度计，只观测翻腾的酒花，就能看出基酒浓度。能够发现别人察觉不到的问题，解决其他人无法解决的难题，这要求工匠通过刻意练习让技法精准无误，且建立酿酒知识体系，学会观察、理解，将理论在实践中融会贯通，同时结合经验学习和判断，实现由技入道的升华。

回答向茅台工匠学什么的问题，实际就是解答如何成为茅台工匠。

第一，高度专注。每个人每天都有24小时，但不同的人利用时间的方式不一样，这就产生了高效与拖沓、碎片化与高度集中等差异。茅台工匠是高效与高度集中的代言人。在茅台酒的一年生产周期中，茅台工匠依天时酿酒，据每轮次基酒生产投入自己的时间与精力。因为每轮次酒风味各异，他们要时刻留意温度、湿度、比例等要素，为微生物创造良好的生存环境，才能得到高质量的基酒。因此，茅台工匠必须日复一日地紧抓上甑、摘酒、摊晾、堆积发酵等。他们的工作内容繁复，但工作时长有限，这就意味着，茅台工匠若要在最佳时间内高质量完成工作，就要足够投入、全神贯注。

第二，在精益求精的追求上，茅台人不曾妥协。朱熹在《四书章句集注》中举例"治骨角者，既切之而复磋之；治玉石者，既琢之而复磨之"，明代宋应星则在《天工开物》中详细拆解纺织、制盐、锻造等繁复工序，充分说明了古代中国工匠"切磋琢磨"的精神。这种精神在茅台工匠身上有着深刻体现。为了检验小麦的破碎度，茅台工匠随时携带量尺，便于分离块状、颗粒状、面粉状小麦，查看比例；为了茅台酒的贮存质量，茅台工匠选厂家、挑样品、检成分，一张构皮纸就找了半年；为了保证酒瓶内的水分已晾干，茅台工匠以酒瓶倒立5分钟水液下落少于3滴为标准。精益求精是中国工匠自古以来的行为范式，古有鲁班、墨子、庖丁等人，今有茅台工匠继往开来。

第三，构建知行合一的质量观。对于保证高质量，说到也要做到。从经验管理时期依靠"口传心授"保证质量，到理性管理时期明确提出要处理好质量与产量的关系，到主动管理时期引入全面质量管理理念，提出"四个服从"和"以质量为中心"，

再到如今高质量时期的五匠质量观，茅台的质量理念层层升级。同时，茅台在实践中证明了自己对质量的专一。为保证原料品质，茅台建有机高粱基地，从2014年起每年捐赠5000万元用于赤水河流域生态环境保护和治理，并创新采用循环经济模式等；为了让茅台酒不变味，勾兑师要从200多个酒样中选品，逐杯品尝不同轮次、不同年份、不同浓度的基酒，将它们按照一定比例勾兑成一杯杯样品，直到样品与茅台酒风味一致；为了及时了解一线情况，车间管理人员践行"走动式管理"，每天至少走2万步……不管是一线生产者，还是科研人员，或者管理层，每个茅台人都将质量记在心头，融于工作的点点滴滴。

第四，茅台工匠具有责任感。对自己酿的酒负责是茅台工匠的共识之一。每当酒师们拍着胸口说"这是我酿的酒"时，在自信的背后实际是责任的表现，其深层含义为"我为这瓶酒负责"。此外，茅台工匠还对消费者、社会负责，他们酿造好酒，发展好企业，从不孤芳自赏，也不骄傲自负。他们以酿造美酒为己任，希望给欢乐的人带来笑声，给悲伤的人带来慰藉，给朋友带来温暖，给诗人带来灵感。责任是茅台匠人对世界的承诺，诚实守信则是工匠的行为原则。

茅台工匠既重道又重技，且能由技悟道，达到道、术、德互相结合。他们不断在技术精进中问道、寻道，体悟事物的规律所在。在不断的追问和寻找中，工匠们随着时代变化不断创新超越，将情怀与理想注入匠作。这样的精神应当是各行各业从业者的共同追求。

05
倾工匠之力，
打造茅台未来

从工匠这一维度出发,去探寻茅台的未来是极有意义的命题。

　　未来,将有新的茅台工匠传承工艺,为茅台注入新鲜力量,夯实酿造高品质茅台酒的地基。

　　未来,机遇和挑战并存,茅台在走向世界的同时,也积极参与国际竞争与角逐,努力成为大国工匠先行者。

注入新鲜工匠力量

茅台新匠人

打开茅台集团的招聘网站，进度条久久不动，第二天就看到茅台出了通告，说系统崩溃。这是2017年6月茅台社招时的现象，和往年相比，千军万马过独木桥的场景更为壮观了，茅台集团官方网站还发布了一则《关于社招报名系统紧急维护的公告》。

一般在人们印象中，可能出现这一场面的公司应该是腾讯、华为、阿里巴巴等，茅台不过公开招聘三百名制酒工人，并非管理层员工，为何也这么火爆？再者茅台的用工标准已经发生变化，即便是一线工人，他们的要求依然不低。

2015年前，茅台的招聘主要面向有仁怀户籍、遵义地区户籍或贵州省户籍的人，虽也有一些外省工科大学毕业生分配到此，但他们的数量几乎可以忽略不计。2015年后，茅台的招聘

开始面向全国，寻找新力量。

茅台的大学毕业生员工数量开始增加，他们来自五湖四海，都选择来到这片河谷发光发热。茅台是一家传统型企业，大学毕业生往往对自己的职业生涯规划过于理想化，当他们来到茅台后，一方面可能因为生产一线的劳动强度较大，无法适应而选择辞职；另一方面则因为有考取国家公务员或其他相关事业单位职位的打算而离开。

公开招聘条件或许是最好的选择。当车间数量增加，需要招聘新员工时，茅台会在网站上发布它的招聘条件，将限制与期盼都说明白。相对而言，茅台的招聘条件似乎不高，只有宽泛的两条：年龄十八周岁以上，二十八周岁以下；全日制本科及以上学历，不限专业，不限地域。

但它与众不同的地方在于，追加了两项测试，一是体能测试，即将报名的人集中到仁怀市新一中操场跑步，男子跑一千米，女子跑八百米，时间超过四分三十秒为不合格。另一项是文化测试，由茅台出卷，主要考察高中语文、数学、时事政治，其中语文与数学各四十五分，时事政治为十分，低于六十分判定为不合格。2020年当年及之后，文化测试内容调整为行政能力测试，主要考察参与者的综合素质。

茅台有此规定，是因为现在中国的教育水平提高，国民素质普遍上升，它相应地也要提高自己的用工标准。新一代的年轻人，在网络时代长大，又受过高等教育，与茅台的老员工相比，具有不同的知识结构，他们的思维也更发散，在面对生产中出现的问题时，即使经验不足，也能采取更灵活多变的应对方式。

此外，茅台的美誉度今非昔比，已经成为一个民族和世界的品牌，更是一家实力雄厚的企业。员工素质在一定程度上影响了一家企业未来的发展方向，因此即便是基层酿酒员工，茅台也要求本科及以上学历，以便给茅台储备更多人才。企业的发展离不开人才，这一招聘条件也非常符合茅台集团"以才兴企，人企共进"的人才发展理念。

作为一家企业，茅台每年的净利润增长速度惊人，相应地，它也会给予基层员工更丰厚的待遇，这就要求基层员工有足以匹配薪资待遇的价值。

高学历人才做看似卑微的工作并不少见，何况工作本身没有高低之分，茅台的基层员工甚至有985、211高校的大学毕业生，不是为了充面子，而是需要这类人为茅台注入新活力，更好地解决新难题。

大学毕业生进入车间工作，并非一生都将在基层奉献自己，他们的基础素质会成就他们的职业规划，做了什么工作并不重要，重要的是在岗位上作出了怎样的贡献。

有人对茅台的招工条件嗤之以鼻，认为制酒工人、制曲女工并不需要多高的学历，茅台这一做法是不合理的。可时代瞬息万变，茅台也将迎接更多的新挑战，更多棘手的新难题。等

茅台工匠力

经验丰富的老一代茅台工匠退休后,工艺中出现无法解决的难题时该找谁呢?

招聘来的高学历大学毕业生就是茅台工匠的后备力量,他们悟性高,学习新事物非常快。他们到车间锻炼,丰富实践经验,历经时间洗礼,他们也将成为受人敬仰的茅台工匠。

艰难时期,茅台的工人几乎都是本地的失业青年或派遣人员,虽然他们的学历不高,但吃苦耐劳的精神值得学习。如今时代不同了,仅仅能吃苦显然不足以满足要求。

1978年,制酒三车间率先使用了手动式辘轳运送酒醅,降低了工人的劳动强度。后来一车间开始试用"七二一"工人大学所设计制造的工字梁行车,利用抓斗起糟,吊甑下糟,极大地改善了工人的生产条件,提高了生产水平。这一发明创造已经在茅台车间应用了四十年之久。

过去茅台的生产全凭经验,没有辅助现代科技,现在的茅台酒厂,已经多了很多智能化的产品。为了实时监测每个车间的生产情况,发生意外能迅速汇报,茅台已经研发了一款手机应用软件,班长、酒师、曲师等可以每天上传生产数据,遇到困难及时汇报,请上级酿造师前来车间指导工作。

未来社会将有哪些新技术出现尚未可知,如果一直死守过去的招聘原则,茅台的竞争力将是未知数。接触过网络的人才会更了解网络,生长于科技时代的人会更快适应高科技的进化速度,招聘高学历的大学毕业生,能让未来的茅台更好地解决新难题，不至于陷入技术困境。再者，高学历的人才也可作为管理层的储备，让他们在一线工作一段时间，了解茅台的传统工艺，更快接受茅台的文化，之后再竞聘到管理岗位。茅台坚持从基层中来，到基层中去的原则，帮助新匠人快速融入、发光发热。

换种方法守住手艺

当赤水河两岸的山被种满绿树，远看已是青翠欲滴时，几十年前就来到茅台奉献自己的人，年轻的面容虽然已经不在，但身体里依然有一颗热爱茅台的心。

一位三十二年工龄的茅台人，回忆起以前班组的年轻面孔，大多是从农村招来的，文化水平不高，想在班里找一个大学毕业生，少到几乎没有。他认为招收高学历的年轻人特别必要，企业要持续发展，必须各方面都要提高，不能停留在一种僵化的模式，给自己画地为牢。

实际上，茅台坚守传统手艺不错，但跟随时代的脚步，换种方法守住手艺也未尝不可。高学历年轻人的涌入对茅台而言是改变的好机会，如今茅台酒的酿造工艺无可更改，需要在管理中融入更多理念与思维，使之规范化、专业化、集约化，打通生产中的每一环。

面对新加入茅台这个大家庭的年轻大学毕业生，面对来自

全国各地的陌生伙伴，做员工培训的老师满眼期待与欣赏，第一课就会问他们："你们准备好没有？"在茅台工作可不是坐在冬暖夏凉的办公室里，一天跑车间七八个小时都是常事，他们要做好思想准备，早日成长起来，将守住手艺的重担从老师傅们的肩上接过来。

若说以前的茅台难以看出新老员工的差异，那2015年前后的茅台则发生了巨大变化。以前酒师向徒弟传授技艺时，需要徒弟心领神会，一遍一遍实践操作，直到达到与老师相同水准才算出师。2015年后，酒师们在教授时，已经改换了口头语，常常告诉徒弟："你们既要发挥人五官的功能，也要结合理化检测的数据，这样不就完美了？"

能实现这些理化检测，建立茅台独有的大数据，新上任的茅台年轻员工功不可没。他们走在时代前列，不再拘泥于过去粗糙的记录方式，希望利用自己所学，创建一个更方便茅台运作的平台。在一次又一次失败中跌倒，又在茅台领导的鼓励中爬起来，他们终于成熟起来，分布于不同部门，将自己的一点力量连接成网，将"智慧茅台"变为现实。

早期，茅台几乎没有检测项目。2015年前因为产质量一直正常，每个轮次的抽检样本不大，数据也不够全面。2015年后，招揽了大量年轻人才的技术中心得到重视，几乎生产的每一个环节都将在这里接受全检，仅微生物一项就有堆积发酵微生物、入窖微生物、产酒微生物、非产酒微生物多个检测类别。

那时的检测仪器比较先进,仅用近红外快速检测仪就可以查出酸糖水淀,早上送去样本,中午就可以得到结果,对于指导生产非常有效。过去检测依靠人手工操作,需要两三天才有结果,如果其中有不好的菌类,坏一窖酒是难免的事。

年轻人就是这些机器的操作员,与过去的茅台工匠相比,他们掌握了大量的物理化学知识,思考维度往往不是经验加数据,而是数据加经验。他们相信当数据积累到一定程度,可以从数据判断操作是否良性,却不能单凭数据生产。酿茅台酒牵一发而动全身,要在检测之外,加上几千年来传下的经验,因为数据无论如何都有滞后性,但人能现场感知。

茅台酒厂仅制酒就有30个车间,要保证每年所需原料,就需要进行计划调度。当计划编制完成,还要进行数据统计分析,分析各轮次将生产多少酒、需要多少原料。

过去茅台的数据收集分析依靠电子文档,因为没有信息化系统,只能依靠人工一一核实,例如,要在酒库存放基酒,但调度人并不明确酒库中还剩多少空坛子或者多少容量,只能反复查数据,翻手工账本,还要负责片区的人到库房实地查看。

年轻的茅台员工解决了这一难题,他们利用自己对信息技术的熟练掌握,与外包单位一同完成了茅台的信息系统建设。现在需要查证生产线上的一些数据,只需输入指令登录App,立刻就可以看到一天内甚至一周内的所有数据变动。位于生产一线的茅台工匠也会实时上传数据,方便上级及时发现问题,解

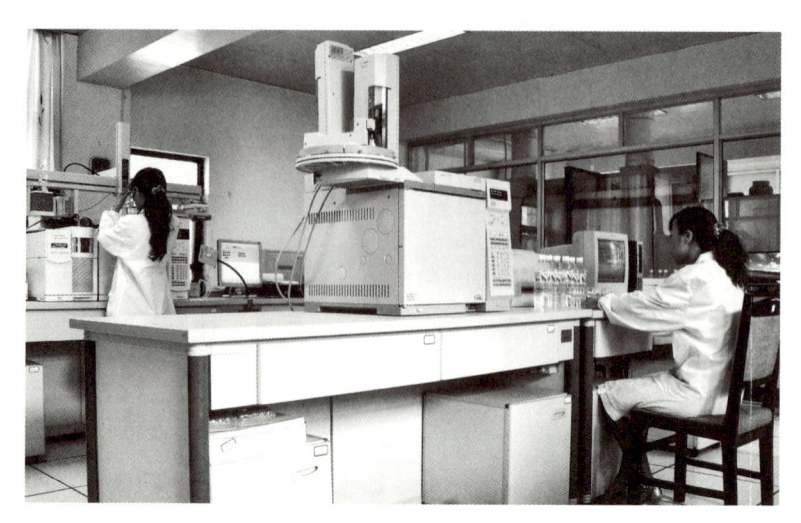

气相色谱仪器操作

决问题,统筹安排接下来的生产工作。

此外,就连库房内的安全工作也依靠科技,火灾自动探测系统、酒精探测设施、自动喷淋系统,对酒库火灾威胁防微杜渐。目前茅台准备在环保方面运用新技术,希望实现锅炉氮氧化物实时上传遵义市环保局,同时接入茅台的所有排污系统,在自我监测的同时将督察权交给环保局。

守住茅台手艺,仅靠师带徒,原封不动地传授技艺是不够的。茅台的体量已经超过了大多数企业,它需要在新时代换种方法守住手艺。科技赋能、数字赋能的白线发展道路已经逐步成为茅台强大的驱动力。通过"科学+经验"合理指导生产,茅台人不断总结生产经验,加强生产技术科学研究。

注入新活力

"2021年,我们要继续坚持正确用人导向,引领干事创业导向,持续加大年轻干部培养使用力度,旗帜鲜明为想干事、能干事、干成事的干部搭建发展平台,提供成长机会。"这是茅台集团党委关于加强年轻干部培养的宣言。

从这一点可以看出茅台对年轻人的殷切期盼。走在厂区内,经常可以看到一些年轻面孔,他们有的是管理一脉的新干部,有的则是生产一脉的新员工,不同的是他们的穿着打扮,相似的是他们的精神面貌。

令人称奇的一点是,无论生产一线的新员工还是新任干部,他们的学历相似,几乎没有差别。从上到下,从内到外,茅台似乎在进行一场换血。等年迈的领导与工匠退休后,在任的茅台人都是相似的学历与年纪,有他们在的茅台将趋于年轻化。

高学历人才的引入将给茅台带来前所未有的活力。

接受过高等教育的人才进入茅台,并没有大家想象的特殊待遇,甚至在员工培训后就要进入车间,实践岗位练兵的茅台工匠第二步。对于初来乍到的大学毕业生,酒师、班长与工人们的评价都不错,他们笑着说:"三人行必有我师焉。"

说这话是因为,对酿酒一无所知的大学毕业生需要向班组同事学习,而班组同事也能从大学生处得到从未接触过的信息。大学毕业生不懂酿酒工艺,有班长贴心为他安排熟练的搭

档，有酒师手把手地指导他该如何上甑、摊晾、看花摘酒。而酒师与班长需要准备晋升材料、制作PPT演讲文稿时则常常求助于大学毕业生。

让高学历的大学毕业生进入车间，与当初学历相对低的员工一同作业，不只是出于对他们的锻炼，也是给车间一剂催化剂，让原本一成不变的工作氛围骤变，激发老员工学习新知识、转变新思维。员工的言行举止对于企业形象的塑造作用不容小觑，想象一下媒体采访生产车间时，随便叫到一个茅台人，他都能逻辑清晰地讲完整个生产流程，对记者提出的问题应答自如，这该是多令茅台人骄傲的一幕。

刚从大学校园进入茅台，年轻大学毕业生的适应能力非常强。在学校时他们的课程设置非常丰富，早已练出不俗的领悟能力与环境适应能力。到任的年轻大学毕业生不论被分配到哪个岗位，即便是接触到完全不了解的领域，他们的成长速度也不慢。

茅台人的比喻总是与酒挂钩，他们形容刚进公司的年轻人就像酿造过程中的轮次酒，单拎出来个性强烈，但可塑性非常强，一两百个组合在一起，就像持久飘香的茅台酒。

年轻人已走过的人生大半都在校园内，他们的人际关系非常单纯，与老师、同学相处和睦，相亲相爱，与社会、职场的相处之道迥然不同。年轻人维系关系更多靠的是感情与信任，他们尚未被社会磨炼出对资历的奉承、对职位的执着。

现在的茅台较之过去，员工结构已经相对多元化，不仅仅是仁怀本地人的"天下"。等越来越多的年轻人进入茅台，他们的数量逐渐盖过那部分朽坏风气的人，就不会出现"被社会磨平了棱角"一说，他们的年轻、朝气与活力将影响到所有茅台人。人际关系更纯粹，员工更团结的茅台，除了是一家大型酒企，更是茅台人的大家庭。

让员工更年轻化的作用不止于此。相比已经工作多年的人，年轻员工的思维活泛，敢于迎接各种挑战。茅台内部不会一成不变，总会有新的改革推进，当茅台推行新措施时，年轻人总是最先理解，积极配合。车间安装各类检测系统后，需要各班组学会使用，在新设备面前，老员工碍于操作难度高又耽误本职工作，往往指派年轻人上场。他们在老员工眼中是这样的，"很勤快，总是跟着人团团转，看我们怎么弄糟子，怎么和车间交流，如何处理生产中出现的问题"。

他们还有与时俱进、勇于创新的奋斗精神。在茅台，没人会打压年轻员工，他们在工作过程中发现一些操作难点，会主动思考是否具有普遍性，该如何解决。茅台对于员工创新，具有良好的鼓励氛围。员工倘若有小发明，经车间领导同意后，完全可以先小范围试用，效果好再上报公司，经过诸多验证合格后进行推广。年轻员工这种"爱折腾"的精神正是几十年茅台所需的新活力，茅台的资历已经足够老了，利润也高居不下，但茅台若要持续发展，势必要将这种爱发明、爱折腾的精神放大。

让茅台员工年轻化，实际也是让茅台年轻化，进而打破

五十岁现象僵局。在茅台的消费群体中，年轻消费者的比重尚不够大，如何让年轻人消费茅台酒是营销团队一直思考的问题。有人说绝大部分原因是茅台酒价格不亲民，年轻人没有足够的资金储备消费茅台酒；也有人说年轻人更喜欢啤酒，他们对于白酒是有抵触心理的。

宏观上来看，物价水平与消费水平呈正相关，茅台酒之所以是如今的价格，一是为了匹配它的高端定位，二是为了适应全民消费水平。年轻人当然买得起茅台酒，只是茅台酒的定位属于高端产品，能买却不能常买、多买。

至于年轻人，他们抵触的不是白酒文化，而是酒局文化。叫几瓶啤酒，三两好友聚在一处谈心畅饮多舒心，反观白酒桌上一阵又一阵的劝酒声不绝，将好好的白酒变成了应酬交际的工具。但在白酒、啤酒和葡萄酒中，白酒更契合中国文化，也是年轻人认可的传统饮品，只是场合往往影响了他们的选择。白酒有一种魅力，让不熟悉的人在推杯换盏间交心，让熟悉的人尝两口而感情更牢固。

年轻化的茅台会更多思考如何吸引年轻人，让同类人更了解彼此。他们一改投放广告的模式，在电影前插播三分钟的微电影，让年轻人了解茅台酒酿造工艺；他们调查市场、吸取意见，研发受年轻人喜爱的"悠蜜"蓝莓酒；他们招揽新生代记者，组建宣传团队，用年轻人的话语体系传达茅台文化。这些都是茅台的年轻人所做的事，他们的一举一动都能为茅台带来新活力。

酿造高品质未来

铸牢质量匠魂

当茅台的"十三五"规划落幕,"十四五"规划正开局时,被各方目光观察、揣度的茅台明确提出了按照高质量发展要求,始终以质量为核心,统筹推进生产质量管理工作,圆满完成稳产提质的目标。质量是茅台生命之魂,必须铸牢质量匠魂。毕竟,春去秋来,倾数万工匠之力,酿造的不仅是酒,还是茅台的高品质未来。

茅台早已将质量视作自己的生命,几十年来,为了坚守品质,它已然历经重重考验。酿茅台酒是一门源自农耕社会的传统手艺,当它走入工业时代,身处快节奏潮流时,势必会面临是否机械化的抉择;当它走出国门,与全球蒸馏酒同台竞争,抢占酒类消费市场时,又将面临是否增产的考验。

几十年前,液态发酵的葡萄酒、啤酒等已经实现了自动化

勾调中心大容器自动化勾兑系统，使酒库车间实现了从人工勾兑到机械化勾兑的转变。远程操控管理大型勾兑基酒入库、出库记录

生产，而白酒酿造因为采用固态发酵，本身存在非常高的技术难度，仍然离不开人工。为了突破这一现状，中国的研究人员耗时数年，探寻酿酒机械化，最终推动了白酒行业的机械化生产。

中国大大小小的酒厂开始使用机械制酒，茅台也在思索是否要进行尝试，但经过几代茅台人的不懈努力，经过一次又一次机械化改革，它最终作出了一个艰难的决定：为品质保留手工酿制。

尽管如今茅台的酿造过程中有不少机械的身影，但它们并未触及茅台的核心工艺，丝毫不会改变茅台的风味，只是起到为某些环节提高生产效率，为员工减轻负担的作用。

几十年来，茅台酿制环节中各种破旧、高耗能、低效率的生产设备被逐步取代。将粉碎的方式由采用牲畜拉磨转变为电动石磨、电动钢磨、曲块粉碎机、原料粉碎机；摊晾的方式由工人在竹竿和锹把上绑麻袋扇风和自然冷却转变为利用鼓风机冷却，电动打糟机的出现取代了锹撬、脚踢、手搯的松散碎糟方式，下窖、起窖、下甑等工序中"背篼背酒醅"的重体力劳作工序，被行车、抓斗取代，进而实现桥式行车、双梁行车的升级；木制甑先改为石甑，再改为不锈钢甑。

并非所有生产工序都有机械参与，作为茅台传统酿造工艺核心的制酒、制曲与勾兑，仍坚守在手工酿制的阵地上。打糟、打堆等晾堂工作仍需大量工人拿着木锹、拉耙一点点操作。茅台曾进行过几次机械制曲实验，但最终仍采用传统踩曲工艺，因为机械设备无法像人一样灵敏，感受不到其中的微妙变化，很难达到工艺要求，且出酒率较低，影响原酒质量。勾兑一环更是如此，机械只能识别酒本质上的诸多参数，勾兑师却可以体会出百种基酒的异同，凭借一双魔力之手搭配不同比例的基酒，勾兑出品质经年不变的茅台酒。

当前，国内各行各业都已广泛运用机械化生产技术，迈入高效高质的时代，并且国外蒸馏酒因工艺特点更宜采用机械化方式生产，能在相同时间内酿制出更多酒。这就意味着，如果茅台一直坚守传统手工制曲、制酒，那么茅台的产量既满足不了国内日益增长的需要，也无法在国际市场上拿到更多的市场份额。因此，茅台不得不面临是否增产的考验。

茅台曾思考过，如何在保持传统生产工序特点的基础上，实现茅台酒产量的增长。

一方面，茅台始终坚持"质量是生命之魂，魂在中心，得之得根本，失之失魂魄"，坚守核心工艺不动摇，让茅台上下都充分了解到茅台传统酿造工艺对于茅台的价值。

另一方面，正视机械化，深入研究机械化对茅台酒风味、质量的影响。在不影响核心工艺的工序环节，最大限度地利用现代化手段改进操作，从而实现机械化、自动化、信息化，提高生产效率，进而实现新型工业化，提升茅台的国际竞争力。

这些办法取得了一定效果。2015年，茅台酒产能3万多吨；2017年，茅台酒产能突破4万吨；2019年，财报显示茅台基酒产量4.99万吨；2020年，茅台酒产能突破5万吨。

2020年9月10日，茅台酒制酒新投产车间试生产，10月17日全面投产，这标志着茅台中华片区茅台酒技改扩建项目全面完工，同时茅台也新增了6 600吨技改计划产量。当时预计2021年茅台酒实际产能超过5.6万吨。[一]

但茅台的高品质未来绝非一味增产就可实现，在坚守和落实铸牢质量匠魂的同时，茅台还考虑到产地的环境因素及环境承载能力，决定此次扩建后不再扩建。得天独厚的15.03平方公里酱酒核心产区既是天赐，也是限制，这片土地的承载能力存在上限，一旦超出上限，将造成不可逆转的伤害。作为高度依赖特殊生态环境的白酒酿造企业，受限于茅台镇特殊的自然环

[一] 摘自李铁的《茅台酒技改扩建全面完工：5.6万吨产能将释放，营收增长可期》。

境和气候条件，茅台不可能无止境地扩充产能。加上茅台酒生产工艺复杂，生产周期长达5年，就算如今扩产，也得5年后才能看到影响。

随着中国经济的发展，买茅台酒的人越来越多，茅台酒的需求量大增，无疑会拉大茅台酒产量与未来消费需求之间的差距。现在茅台赖以生产的环境承载量，只能满足市场上三分之一的产品需求量，可以预见未来茅台酒供不应求、一瓶难求的状态将长期保持。即便如此，茅台依然保持清醒的头脑，为了铸牢质量匠魂，对增产始终保持慎之又慎的态度。

为了酿造高品质未来，茅台需要全员习惯于做到最好，需要坚定依靠世代传承的匠心，需要扎牢质量管理制度的藩篱，需要抓牢过程控制的每一个细节。

尤其是在我国经济由高速增长转向高质量发展阶段，不少国有企业改革都已进入"深水区""攻坚战"的时代背景下，茅台不断推动国企改革走深走实，同时加快建立现代企业制度，奋力跑出国企改革"加速度"，沿着高质量发展方向笃定前行。

追寻极致之品

茅台镇有一个有趣的现象：几百家小酒厂会宣扬自己的酒接近茅台酒，却从不说自己的酒比茅台酒好。而青岛啤酒，因为是批量生产的，所以不少相邻小啤酒厂或标榜自己是精酿啤酒，或表明自己的原料品质，常会自信地说，我的啤酒比青岛

啤酒好。茅台镇的酒厂只多不少，它们能如此默契，是因为众所周知茅台工匠始终追寻极致之品，难以超越。

集水果香、干植物香、空林香、甜香、花香等九类香气于一体的茅台酒，嗅起来幽雅细腻，喝起来柔和醇厚。这种品质并非一朝一夕酿成，它是茅台工匠经年累月追寻极致之品的结果，也是一年生产周期中极致工艺的沉淀。

茅台看似是一个现代企业，可它的内核依然是传统的，即便身处高速发展的新时代，也愿意为酿酒慢下脚步，继承古往今来茅台酒匠的意志，打造极致之品。

江山代有才人出，各领风骚数百年。为了让追寻极致之品的传统一直延续，茅台为工匠设立了完备的培养体系，创造了利于他们发展的工作环境，吸引越来越多的高素质人才走进茅台，成为德艺双馨的茅台工匠。这些举动让酿制茅台酒的传统工艺代代相传，让茅台走近极致之品的未来。

2020年10月15日上午8:30，茅台集团在茅台会议中心召开2021年度生产·质量大会。此次大会共有近4000人参与，堪称茅台史上规模最大的生产·质量大会。与以往相比，此次大会的独到之处在于更多的茅台匠人走上了舞台，被赋予更多荣耀和上升通道。大屏幕上反复滚动着一行标语："茅台匠人，您辛苦了，向您致敬"。同时茅台会议中心的长廊上布置着正逐步完善的工匠培育体系——"工匠八步"培育机制的宣传内容，一级接一级，宛如一条晋升之路在脚下铺开，每一位进入会议中心的人都不由自主地多看两眼，心生期待。

标语、长廊等设计，一方面是弘扬精益求精的工匠精神，另一方面是为了让工匠锻造八步骤深入人心，让匠人们能更好地在工作中保证茅台酒的质量。只有重视对工匠的培养，让更多大师专家和技术骨干传承茅台匠心，让更多员工深入理解茅台酒酿造工艺，才能确保工艺的每一个细节都做到极致。有极致之功，方有极致之品。

从2001年上市开始，茅台的发展不断加速，员工不断增加，整个公司发生了天翻地覆的变化。2001年，茅台全年白酒生产量为1.33万吨。2021年，茅台的产量便已提升至5.65万吨，20年中茅台的产量增长了近5万吨。

产量增幅巨大，却没有品质质疑，这得益于茅台工匠精神的传递。在茅台的努力下，极致之品不仅是大师巨匠的一生所求，也是每一位生产一线员工为之默默奋斗的目标。

在这场巨变中，茅台生产员工在所有员工中所占的比例始终在84%上下浮动。2001年，茅台在职员工3 526人，生产人员比例84.8%，2020年，在职员工29 031人，生产人员占比84.3%。㊀

对于生产型企业，生产工人是企业发展的基石。不管公司发展变化有多大，都需要有配套的生产工人。茅台要扩大生产，就必须进行招聘，而且招聘多是以制曲、制酒一线生产员

㊀ 摘自金石的《上市20年产能增长近5万吨！茅台财报还有什么值得总结的数字》。

工为主。

茅台追寻极致之品没有终点，但每一个轮次中都有起点，制酒、制曲车间辛勤劳作的员工就是起点。他们在生产周期中度过的每一分每一秒，都在尽自己所能酿出更高品质的茅台酒。

这些员工的工作并不轻松，但他们从不叫苦，一心酿出符合质量标准的基酒。以制酒工人为例，虽然他们一年工作日约220天，每天工作时长约7小时，却都是高强度劳作。因为茅台酒不少工艺环节要求高温，这意味着他们夏日要忍受高达40℃的工作环境，每天还要在火热的甑边工作，或者在晾堂摊晾刚出甑的滚烫酒醅。正是这般辛劳，才有了"一斤酒，六斤汗"的说法。

此外，茅台酒的生产顺应天时，茅台的工作节奏紧跟酿酒周期。这使得制酒、制曲的工作时间安排极其特殊，与"朝九晚五"截然不同。制酒车间的上甑工人上班最早，凌晨四点半就要到达车间，制曲工人大约凌晨五点半到达工作岗位，这意味着他们凌晨三点半左右就需要起床赶往公司。一旦到达工作岗位，他们就需要连轴转，少有停歇的时间，周末不是双休制，而是轮休制。无论制酒工人还是制曲工人，一年到头他们都难以自由安排自己的时间，必须紧跟酿酒、制曲的时节。

茅台的高品质未来体现在生产一线，便是让每一位茅台工匠明白，匠心才能成就经典，只有追求技能的极致，集万千工匠的力量，才能酿造茅台的高品质未来。为了让所有一线工人劳有所得，为他们鼓足干劲，茅台调整了现有薪酬制度，向生产一线倾斜，增加他们的收入。还设立了"茅台工匠奖"，实行动态评价管理，举行"精耕细作、斤两必争"竞赛，充分调动他们的生产积极性。

此外，针对专业技术人员及技术工人，茅台实施评级制度，以技术水平和工作资历评出不同级别，与工资挂钩，为一线员工开辟行政成长通道，提拔车间及机关里能力突出的员工担任行政职务。

在茅台追寻极致之品的路上，人才是关键因素。在茅台提出"人才强企"之前，茅台大部分员工只有初中学历，而如今大专及以上学历的员工越来越多，比20年前增长了接近1倍。这些人才不仅拥有高学历，他们的技术能力也在白酒行业首屈一指。强大的评酒团队就在茅台，酿酒大师、国家评酒委员、特邀评委、高级评酒师和省级评委，数量之多，技艺之精，令人惊叹。

从过去到现在，茅台对极致之品的追寻从未中断，在这一过程中，茅台工匠展现了无数高光时刻，正是他们对极致品质的追求，才能成就茅台的高品质未来。

从制造一流到一流制造

2021年，国内知名品牌研究机构品牌联盟（TBU）发布

《2021中国品牌500强》，贵州茅台以2 888.12亿元的品牌价值入选，位列第8。70余年时间，茅台从山窝窝里走了出来，从手工小作坊发展为世界顶级的烈性酒公司，与世界各大一流品牌比肩，由制造一流向一流制造转变。未来，茅台将博采众长，完善自我，稳固一流制造品牌地位。

如今，和茅台酒厂的一些老员工聊天，他们还会自豪地说起，当初茅台是换外汇的利器。他们每生产1吨茅台酒，就能为国家换回80多吨粗钢、40多吨好钢材、十几辆汽车。生产茅台酒就等于生产好的钢铁，可以为国家造火车、轮船、飞机。当时，茅台就是中国制造的骄傲。

现在，茅台仍是中国制造业的骄傲。2018年，茅台以2700亿元的品牌价值成为"2018胡润品牌榜"榜首，是十年来首次夺魁的实体经济品牌。茅台凭借的，正是中国经济发展带来的红利及自身过硬的品质。

贫瘠的土壤上长不好东北大米，茅台的发展兴盛依赖于中国国家实力的强大。改革开放后，中国经济崛起，再加上中国庞大的人口数量，消费市场巨大。如果自己的产品过硬，能得到中国消费者的喜爱与认可，能分到中国市场这块大蛋糕，那么企业将获得巨大的发展空间，在世界市场上占据立足之地。

茅台即如此。茅台成长于一个最具活力的市场、一个开放包容的经济环境之中，才得以有实力与可口可乐、帝亚吉欧等世界一流企业并肩。

时势造就茅台，却也离不开茅台对自身质量的坚守。"品质"永远是茅台发展的生命线。无论市场如何变化，茅台始终坚守自身不动摇。质量是生命之魂，"酿造世界上最好的美酒"已经成为茅台4万余名员工坚定的追求。制造出一流的产品，茅台便能跻身一流制造企业。

茅台并不满足于此，为实现向一流制造的转变，茅台努力提升自身竞争力和行业地位。运用现代化手段，使自身融入现代科技中，配备了全球先进的酿造分析设备和数据检测体系。

优秀的工匠队伍是茅台质量的核心，也是茅台发展的关键。茅台不仅加大了工匠培育力度，形成了以"工匠八步"培育机制为核心的工匠培育体系，还不断完善公司干部队伍建设，规范公司干部序列，理顺干部职级关系，打破干部交流壁垒。仅2019年进行的干部职级和职务名称调整就涉及转任干部163人，分布于公司76个单位、部门，副科级干部平均年龄下降两岁。公司干部队伍建设为茅台未来积蓄了更多干部人才，形成了年轻化、专业化、流动化的良性循环，保证了整个企业的活力。

茅台还成立了茅台研究院，汇集各领域顶尖专家、领军人才，以服务公司和行业发展为宗旨，以战略研究和决策咨询为方向，以行业发展和企业改革创新为重点，为茅台提供源源不断的智力滋养。

对一个制造型企业来说，传承与创新是永恒不变的话题，

茅台工匠力

科技创新是世界一流企业必须具备的能力。对于茅台来说，充分结合传承与创新，在保证茅台酒核心酿造工艺不变的基础上，深入研究茅台工艺的科学性，才能使茅台稳步站在世界一流企业之列。

自建厂初期将茅台酒酿造工艺固化为操作要点等文字材料以来，茅台不断对茅台酒和茅台酒酿造工艺进行科学研究，用科学诠释茅台的工艺，弄清茅台"神秘"背后的科学道理，如哪些微生物参与了茅台酒的发酵，它们是如何起作用的；为什么茅台要在端午制曲；陈贮期间酒体发生了哪些变化等，从而使茅台工艺得以科学化、规范化，实现优质、稳定、低耗的茅台酒生产。

茅台立足于茅台酒，在透彻了解自身的优势和不足的基础上，开发新产品。茅台酒的香气香味物质中，存在着挥发程度不同的物质，且跨度比较大，因此在保证典型性最好的高度茅台酒（53°）的基础上，茅台研发出典型性较强的43°贵州茅台酒等产品，开发出15年、30年、50年、80年等不同年份的酒，并开发了以包装年份计算的年份酒，提高了品牌的知名度和影响力，扩大了消费者群体。

世界酒业发展已形成产区化趋势，白兰地、香槟、伏特加……这些令人耳熟能详的品牌背后，连接着的是一个个名酒产区，以及那些与生产活动密切相关的环境和居民。

中国白酒要想融入世界白酒市场，建设白酒产区必不可少。近年来,中国酒业协会系统构建了世界名酒的产区表达体系。遵义、宜宾、泸州等6个中国城市入选2017年"世界十大烈酒产区"。

2020年,茅台动员郎酒、习酒等六家同行,共同建设世界酱香型白酒核心产区,聚集优秀的酱酒品牌,以卓越的产品品质、独特的生产工艺、独特的自然环境,打造国际一流产区,守护赤水河沿岸的生态环境,提升当地居民生活水平。

走向未来世界市场,茅台面临着越来越激烈的竞争。为了从中脱颖而出,将自身打造成国际一流企业和世界一流品牌,茅台主动对标,找出自身发展优势及短板,深化改革,发挥自身优势,破解短板与束缚,推动"中国制造向中国创造转变、中国速度向中国质量转变、中国产品向中国品牌转变"。

成为世界级工匠

工匠是世界企业的追求

过去,中国的生产力水平较低。但就是在这样艰难的时刻,茅台酒之名依旧远扬海外,成为中国好酒的象征。

而今,在中国人民的共同努力下,中国的生产力水平大幅度提高,中国制造逐渐在世界市场上绽放光芒,中国工匠精神开始走向全球。

茅台与国家共同成长。在巩固和拓展国内市场的同时,茅台正对标世界一流企业,布局海外市场,立志"让世界爱上茅台,让茅台香飘世界"。茅台工匠正不断迈入世界级工匠行列,成为中国工匠文化体系的重要表达者。

2012年,茅台首次进入BrandZ™百强榜,居第69位。2016年,由世界品牌实验室编制的2016年度"世界品牌500强"揭晓,茅台与圣戈班(Saint Gobain)、马爹利(Martell)等世界百年老牌企业并肩而立。

2019年，茅台在英国知名咨询公司Brand Finance发布的"2019中国最有价值的500大品牌"榜单中位列第14位。2020年，BrandZ™"最具价值全球品牌100强"排行榜发布，茅台在17个中国上榜品牌中排第3位，在阿里巴巴和腾讯之后。

2021年，茅台在Brand Finance发布的《2021年全球品牌价值500强报告》中排名第27位，市值远超保时捷和可口可乐。

茅台得到这些权威机构的认证，在各大榜单中名列前茅，与可口可乐这些世界级品牌并肩，这背后，体现的是茅台工匠通过自身的不懈奋斗，跻身世界级工匠行列的辛勤努力。

根据什么评定一家企业的工匠水平？一是这家企业的实力如何，在世界企业中处于何种地位；二是这家企业生产的产品质量如何。参照世界顶尖的工匠，判断自身的优势与不足，从而扬长补短，找到自身前进的方向。

日本工匠和德国工匠是茅台工匠最具参考价值的对比对象。

日本工匠又被称为"职人"，代表人物是高级寿司店数寄屋桥次郎的主人小野二郎，美国前总统奥巴马访日期间曾慕名造访。作为餐饮服务业的工作人员，小野二郎在寿司品质和服务品质方面做到了极致。为了做出最好的寿司，他每天都会亲自去鱼市场挑选最新鲜的食材，关注每一个细节；为了给顾客最优质的服务，他甚至会根据性别调整寿司大小，根据顾客的习

惯调整寿司摆放的位置。

日本工匠执着于产品质量和服务质量，竭尽全力打造出最好的产品。这样的精神，与茅台工匠精益求精的用心用诚精神是互通的。

茅台工匠为了找到一张最好的扎坛的构皮纸，不惜耗费6个月的时间走遍中国；为了得到最好的高粱，建立了有机高粱种植基地；为了得到最好的水，连续10年共出资5亿元保护和治理赤水河流域生态环境；为了酿出最好的茅台酒，一直坚持人工制曲、人工制酒……

茅台始终将产品品质放在第一位，这是茅台工匠成为世界级工匠的基础。基于这种对品质的坚守，中国消费者将茅台酒作为中国酒类饮品的标杆，也让外国消费者将茅台作为最信赖的中国制造业品牌之一。

德国制造也是世界工匠的标杆，代表企业是著名汽车制造企业保时捷。

保时捷目前共有6500名研发和服务人员，7500名组装工人。除了过于沉重的玻璃由机器人操作，单调费力的拧发动机螺丝的工作由机器代劳，其余均为手工组装，以工匠精神打磨品质。工人的技艺是保时捷的核心竞争力，为了维持这种竞争优势，保时捷一直延续着老带新、传帮带的师徒制传承方式，传承老技工的技艺。

茅台亦是如此。在茅台的生产车间，上甑、摊晾、踩曲等涉及核心工艺的环节，全是工人手工操作，用人体灵敏的感官感知酒醅、酒曲的变化，用灵活的双手在最恰当的时机做出最精准的操作，从而酿出最好的酒。茅台通过师徒制培育了众多技艺精湛的工匠，将古老的茅台传统酿造技艺一直传承下来。

德国工匠的社会地位很高，受尊重程度与教师、医生等同。茅台工匠的收入相当可观，不亚于一些教师、医生的收入，在贵州当地也同样受人尊重。

德国实行双元制职业教育，很多成绩优异、足以上大学的学生会选择接受职业教育，成为技师，而中国大部分学生，只要能上大学，就很少作这样的选择。职业院校在某种程度上是学生们退而求其次的选择，这并不利于高素质工匠的培养。

茅台也察觉到了其中微妙的区别，通过设立"茅台工匠奖"、评选优秀工匠等措施，在全集团范围内营造尊重劳动、崇尚工匠的氛围，提高工匠的地位。同时，茅台创建了茅台学院，校企联手，打造教产融合发展的人才培养体系，共同推动酒类行业职业教育的发展。

如今的茅台工匠已经拥有了与其他世界级工匠比肩的实力，但仍需精益求精。茅台也是如此，需不断完善自我，增强品牌影响力，朝着"让世界爱上中国酒，让茅台香飘世界"的目标奋进。

坚守质量标准

2020年,受疫情影响,无数企业大门紧闭,停工停产。元旦这一天,在众人都不知未来会有何新变化时,茅台的车间上空已经升起了制酒的蒸汽,并确立了当年的奋斗目标:计划不变、任务不减、指标不调、收入不降。这些目标都是以高质量为基础的,多年来茅台的业绩呈现高速增长,也始终处于高质量发展的赛道上。

茅台致力于走一条注重品质的世界品牌之路,它已经在这条路上跋涉了几十年,正如它在其"十四五"规划期间提出的"行稳致远",几十年来它追求质量的节奏始终稳当,若未来要进入标准更严苛的时代,茅台也将坚守此道。

2003年,贵州茅台荣获第三届全国质量奖;2007年,贵州茅台再次通过全国质量奖复评;2010年,贵州茅台抱得"全国质量奖十周年卓越组织奖"。

全国质量奖设立于2001年,本意是贯彻《中华人民共和国产品质量法》,激励企业追求卓越品质,走出国门,顺应经济全球化的潮流。

茅台每次获奖的理由都不同,有时是因为高效的考核体系,有时是因为绿色低碳的循环经济,总之为了追寻足以与企业量级比肩的品质,茅台一直在努力,未来它的标准可能更严苛。

质量是生命之魂,这一认知已是茅台集团上下的共识。疫情持续一年后，总结发现，茅台的年度生产工作与目标高度吻合，完美实现了自己当初"夸下的海口"。2020年12月23日，《人民日报》还曾刊发文章《茅台集团奋进"十四五"迈向高质量发展新征程》，赞叹茅台在2020年的壮举。

茅台的办公区有三栋孤零零的大楼分列三侧，其中一栋就是会议中心。茅台的会议很多，可管理层的会议几乎不会动用这里，这里是为所有茅台人准备的。偌大的会议厅与排列整齐的椅子相得益彰，不开灯的时候这里显得很空旷，一旦需要打开灯，这里就将座无虚席。

茅台最重要的两场会议，都与质量相关，一个是生产·质量大会，一个是质量例会。前者是在结束一年生产周期时，总结回顾这一年度的生产质量工作，同时安排部署下一周期的工作，从思想层面进行动员，凝聚力量，全面确保优质稳产。后者是按季度召开的质量例会，各车间代表都要参加，这是一场需要所有茅台人都牢记于心的会议，会上将总结日常工作中的质量失误，表彰一批优秀质量车间，鼓励其他车间再接再厉。

茅台的质量部有两百多人，他们从事不同环节的质量检测、质量管理工作。走到质量部的办公区，往往会发现门敞开着，却没几个房间里有人。一打听，工作人员要么是去车间查看轮次酒了，要么是去田间地头检验即将收割的高粱了，又或者正奔波在往返技术中心的路上。通过走动式管理，看似遥远的生产数据被实实在在地掌握在手里。

质量部两百多人所发挥的作用巨大，可茅台仍觉不够，还另外在车间、班组设立质量专员，覆盖了物资供应、制酒、制曲、勾贮、包装等关键环节。最终，茅台形成了包括质量领导小组、质量委员会、首席质量官、质量专员、质量检验员、质量督导员等在内的多层级质量责任体系和管理架构，形成一套严格的质量行为准则，从上到下，贯彻始终。例如，包装车间的质量老师与质量部检验员，每个人会按照比例抽样，双重人工检查。一旦发现问题将扣罚包装人员的奖金，若是被质量部检验员抽查到，会直接影响整个班组的年度奖金。

再如勾兑，不同年份、轮次的基酒风味各异，要将它们按照一定比例兑成茅台味，需要用到一百多个酒样。在进行大型勾兑前，茅台的勾兑师必须利用自己的嗅觉与味觉，确定每种基酒的具体比例。勾兑好的酒将交由公司评委品尝，这种判定机制不是说超过三分之二或者及格线就可以，而是只要有一个人认为没达到标准，就要重新勾兑。

人们或许会怀疑，为何不用机器测试，再进行勾兑，难道机器还比不上人工吗？事实上，在茅台酒的勾兑一环，机器确实比人工逊色不少。例如，如果经过勾兑的样品酒还缺少一种香味，那么直接往里添加富含所需香味的基酒，让仪器检测，结果将显示各项理化指标与成品茅台酒接近，但品酒师一尝就能分出高下。这说明仅仅依靠理化指标，不足以证明它就是勾兑成功的茅台酒，而技艺娴熟的酒师的味蕾，是仪器永远无法比拟的。

未来，茅台酒的勾兑质量管理工作有了新的研究方向，就是让仪器灵敏起来，毕竟人会疲劳，且培养勾兑师条件严苛，没有十年难有发言权。一种质量标准掌握在小部分人手里，并不是一家企业长远发展的最好选择。

八年前，茅台就在用高于国家标准的企业标准要求自己。有一位曾在质量部工作过的茅台人回忆，他上任时质量部的检测指标只有30多种，现在已经达到了160多种，分品质、食品安全两个维度。而国家标准中，关于品质的只有6项，关于食品安全的只有3项，由此可见，茅台标准远超国家要求。茅台的愿望很简单——希望通过严格的指标让品质再上一个台阶。

通往世界品牌的道路依然有许多艰难险阻，茅台必须具备超前的意识，与时俱进把握茅台酒的品质。此外，在科技进步的情况下，酒的检测仪器也会越来越先进，让仪器无限接近人工感官，茅台酒的质量将得到进一步的保障。

培养酿造全才

"季克良是个全才，是真正的酿酒大师。"中国酒界泰斗秦含章如此评价季克良。

生于1939年的季克良已经80多岁了，他与茅台一起走过了50多年。这一路风雨兼程。在他之前茅台还有几位酿酒全才，但在他之后茅台已经走向专业化分工，"全才"倒成了历史名词。

在职场金字塔原理中，越往上越趋于精英主义，不以数量

取胜，而以智慧取胜，反之，越往下，人才基数大，往往趋于饱和。位于金字塔上端的人不是在某一领域的专才，就是一专多能的复合型人才，即通常所说的"全才"。

事物的前进方向早有论证，并非沿着一条直线向前，而是呈螺旋式上升。曾经茅台酒的酿造象征一个家族的荣誉，他们不轻易外传技艺，接班人必须熟悉酿酒全流程，保证酒的品质不出差错。

后来茅台酒从河谷走出，一度代表中国与世界宾客会面。为了适应扩大的市场，茅台酒厂也要调整产业结构，发展为一家产量大、销售面广的企业。专业化分工是它当时的最佳选择，将制曲车间、制酒车间、勾贮车间分离，久而久之就形成了制曲大师、制酒大师与勾兑大师，而了解并擅长全流程的大师却越来越稀少。

几十年来，茅台酒所代表的都是一种酒，而不是一种制曲方法、制酒方法或勾兑方法，它是所有工艺的集合，却没有一个集这些技艺于一身的茅台工匠，实在可惜。季克良有徒弟，可全才的接班人依然难见踪影。

未来茅台将成为世界级品牌，它需要一个代言人。这个代言人与发言人有天壤之别，现在的茅台发言人虽然懂茅台的灵魂，懂茅台的内涵，但他们无法靠自己的双手，用自己的感官酿出正宗的茅台酒。季克良之后，谁为茅台酒代言，谁能成为未来的酿造全才？

乍一看，要培养酿造茅台酒的全才，似乎难于登天。现在茅台几乎全面专业化，提倡术业有专攻，鼓励制酒大师在制酒方面深耕，制曲大师在制曲方面精进，从未倡导不同专业的大师调换工作岗位，学习本职工作以外的知识。

实际上已经多重荣誉加身的各专业大师，他们几乎都已步入中年甚至老年，再要求他们去学习全新领域的知识，并不会帮助他们成为全才。

一来因为这些大师对于自己的工作非常热爱，骤然改换工作内容，学习过程都是从零开始，他们心里难以接受；二来大师们已不再年轻，而制酒没有十年不见真功夫，勾兑没有十年不入门，等他们学成估计已垂垂老矣，再寻找接班人传承衣钵将遥遥无期。让大师成为全才显然不符合现实逻辑，茅台的全才培养工作需要从年轻人做起。

当初季克良只是一名毕业于发酵专业的大学生，虽然家中做米酒，但他本人从未尝过白酒。此外，他在课程中学习了茅台酒酿造知识，等他实际来到茅台才发现有诸多错误，他曾写信询问师长，得到的答复令人哭笑不得，师长教授的内容也是来自书本，并非来自实践。

二十五岁的他作为一个人生地不熟的外地小伙，在茅台酒厂摸爬滚打，一步步克服困难，摸清茅台的奥秘，学会用科学总结工艺，成长为仅靠鼻子闻就能判断酿酒原料产地的顶级大师。季克良的蜕变过程，为茅台未来培育酿造全才提供了例证。

茅台的师徒制实行多年，自2016年将"传、帮、带"制度化后，有真才实学的茅台工匠几乎都在教授徒弟，两年后还有一系列考核，验证徒弟的学习成果。在茅台的浓厚学习氛围下，能否选拔出优秀的年轻人，让他师从好几位不同专业领域的茅台工匠，在一线车间练就一身本领，集众多所长为一体，经时间蕴藏发酵，逐渐达到"守、破、离"三种境界，成长为不辱没师门，更不辜负茅台期待的酿造全才呢？

至于如何筛选全才培养备选人，首先茅台要遵从师带徒原则，挑选的备选人必须与各位老师同时达成双向意向，但凡有一位老师觉得该学生不值得他传授技艺，都视为资格作废。

筛选茅台全才备选人，在硬性学历、年龄、专业等条件外，标准有六。

一即对茅台工艺的喜爱。没有对一门技术的热衷之心，就难以学好它。

二即对茅台传统工艺的坚持。这一坚持既是对茅台工艺的尊敬，也是坚持不懈的学习态度。

三即愿意为茅台付出。没有付出何来回报，要酿造茅台酒，必须付出时间，付出心血，付出常人难以想象的努力。

四即抱有成长为工匠的觉悟。精益求精、专心专注是酿造茅台酒的基本要求，要将茅台酒的品质看得比自己还重，每个细节都要认真对待，如此才不辜负茅台酒的名声。

五即保持对茅台技艺的熟练程度。脱离生产线的大师终将跌下神坛，达到一代大师的最终境界后，应当依然怀着一颗门外汉的心。

六即完成"守、破、离"。灵活运用所有技艺，再从师傅的身影中抽出，形成一套独属于自己的茅台心法。

当一切就绪时，未来我们或可见到茅台的代言人，他们是茅台酒酿造的全才，也是世界工匠的一员。

后　记
我们这个时代的工匠精神

工匠，在中国古已有之，他们传承某一领域的技艺，将自己的一生都奉献给职业，敬业、专注、创新、匠心独运等都是他们身上的标签。

酿酒的工匠该是什么样子的？当人们品尝茅台酒时，口中的香味持久，他们不禁好奇，这样好的酒究竟是谁酿出来的？走进茅台酒的各个生产车间，可以看见几乎每个人脸上都挂着汗珠，他们工作期间少有交流，一双双眼睛都盯着操作，生怕出一点儿差错。

工艺一脉相承，匠心代代传授，和过去相比，现在的酿酒工匠是否发生了变化？

往前追溯几百年甚至上千年，酿酒的工匠曾经历过几个阶段的变化。农耕社会时期，人们有一门手艺养家糊口或是贴补家用，都是常事，此时的酿酒人不能算完全的工匠，酿酒只是辅助他的生活，并不需要全身心投入。

商业社会时期，仅靠种植粮食已经难以养活一家人，交换生产商品才能提高自己的生活品质。这时酿酒人开始钻研如何酿好酒，如何增加销量。

等商业更加繁荣时，人们对商品的品质必然提出更高的要求，对酒也不例外，所以需要酿酒人花更多的心思在酿酒上：该做哪些工艺改进才能使我的酒脱颖而出？这是酿酒人迈向酿酒匠人的第一步。

当酒的名字已经成为招牌，酿酒人的任务才算圆满完成。为了购买这种好酒，五湖四海的客商不惜远道而来，只为取货运往更远的地方销售。酒香不怕巷子深，这种香味既是粮食自产，也有人在其中干预。曲块发酵多久适宜，酒醅发酵多久可以取酒，这些尺度都由人来把握，而人则根据大自然的规律行事。

以茅台酒为例。春季，高粱播种，赤水河涌动，茅台镇上的农户开始憧憬几个月后的丰收。端午前后，天气炎热，冬小麦正好成熟，酿酒人会将它们制成大曲，封存几个月留待高粱成熟。重阳时节，茅台镇低海拔地区的高粱成熟，茅台酒也开始第一次投料，等一个月后高海拔地区的高粱成熟，再将新粮与酒醅混合蒸煮取酒。茅台酒需取酒七次，而每次取酒都要入窖发酵一个月，等七轮次酒全部取完，新一年的高粱又成熟了。

实际上无论遵循哪种酿酒方式，过去的酿酒人都需要顺应天时，行造物之法。他们在小麦丰收之际制曲，在高粱成熟时

后记

取酒，在赤水河由赤红转为清亮时用水，这些都是酿酒人遵循自然规律的结果。

过去酿酒匠人的工匠精神在于一生执着一件事，从少年起就开始做学徒，既然学了酿酒，这一辈子都与酒分不开。他们会跟着师傅打杂多年，直到师傅不再将自己看作外人，愿意将本事传授给自己，那时才真正开启酿酒之路。

从学徒到掌握酿酒技艺的人，不仅需要接受技术上的教导，更重要的是精神传递。酒格即人格。酿酒不是一件轻松的活计，春去秋来都要待在光线昏暗的烧房内，高温的甑子给本就不凉爽的烧房再添温度，冬季尚能忍受，夏季就相当于泡在自己的汗水中，没有超强的毅力无法坚持一生。

此外，酿酒之道不是一板一眼的传承，工匠精神也并非始终不变，比如曾经酿酒都靠人工肩挑背扛，现在的酿酒车间已经有部分机械辅助生产。这些都是需要新匠人变通思考，才能创造出来的东西。倘若像个老古板，一切都要用旧时的工具，所有流程一概不能调整，这就不是工匠精神了。

工匠精神是活的，是以酿酒匠人为基准的。当他们是学徒时，不了解酿酒的核心技艺，每天做的事情就是打杂，按部就班地完成自己的任务，对酿酒也没有独到的见解。

当学成独立操作时，学生的身上会有师傅的影子，十年以内都难以抹去。譬如遇到酒有异味，采用同样的程序却比往年取酒少了大半，手下的工人不服从管理等问题，新酿酒人的解决办法总是与师傅相似。这么多年的耳濡目染，他的酿酒方法与处事方式与师傅如出一辙。

酿酒匠人终会成长，前提是他将遭遇前所未有的苦难并顺利解决。师傅没有传授解决方案的困难就摆在眼前，没有人顶在前面，他就是最有资格去尝试的。一遍又一遍，等他摸出门道，离突破桎梏的时候就不远了。

旧时代的工匠精神就是如此，他们需要用一生的时间去精进某种手艺，而其中大半辈子都在前辈的教导中行事，等他们摸索出属于自己的工匠精神，即使成了酿酒大师也垂垂老矣。并且由于时代限制，旧时代的技艺往往会受到自然的干预，人力无法扭转，只能选择顺应天时进行生产，虽然一些时间节点同样有科学道理，却并非不可改变。

新时代的工匠精神是灵活的。例如，茅台如今已成体系，不再是小规模的家庭作坊，除了生产，还有管理的必要，工匠精神中势必还有服从管理调配一项。此外，茅台有了毫无保留的师徒制，让大师进行一对一指导，保证绝不隐瞒酿造茅台酒的任何技巧，签署为期两年的师徒合同，徒弟再也不必花费大半辈子去"入门"。

与旧时代工匠精神中的破茧成蝶不同，新时代的酿酒匠人不仅要突破自己的瓶颈，还要对酿酒有创新精神。比如上甑的工具能否改进得更省力，不锈钢的曲盒是否会比木盒更耐用，当酿酒环节出现问题时，工匠不再是靠个人的力量，而可以集

全酒厂几万工匠之力，化解眼前的危机，同时防患于未然。

我们这个时代的工匠精神，势必不能只钻在生产技术里，为了适应经济全球化，酿酒匠人也要具备管理才能。一个企业，若要培养新时代的工匠精神，可以像茅台一样，树立H型的通道，一条是管理，一条是生产，达到某种高度再实现互通，丰富酿酒人的工匠精神，培养更适合新时代的大国工匠。

策划机构

考拉看看
KOALA CAN

考拉看看是中国领先的内容创作与运作机构之一，由资深媒体人、作家、出版人、内容研究者、品牌运作者联合组建，专业从事内容创作、内容挖掘、内容衍生品运作和超级品牌文化力打造。

考拉看看持续为政府机构、企业、家族及个人提供内容事务解决方案，每年受托定制创作超过2000万字，推动超过200部图书出版及衍生品开发；团队核心成员已服务超过200家上市公司和家族，包括褚时健家族、腾讯、阿里巴巴、华为、TCL、万向、娃哈哈及方太等。

书服家
FORBOOKS

书服家是一个专业的内容出版团队，致力于优质内容的发现和高品质出版，并通过多种出版形式，向更多人分享值得出版和分享的知识，以书和内容为媒，帮助更多人和机构发生联系。

写作 | 研究 | 出版 | 推广 | IP孵化

电话：400-021-3677　　网址：Koalacan.com